U0007217

Choose FI
Your Blueprint to Financial Independence

FIRE
致富實踐

全美破千萬收聽的理財人氣podcast「ChooseFI」實體化
完整傳授財務自由的關鍵心法

克利斯‧瑪慕拉、布萊德‧巴瑞特、喬納森‧曼德沙
Chris Mamula; Brad Barrett; Jonathan Mendonsa｜著
李靜怡｜譯

我們謹將此書獻給我們的小孩安娜與莫利・巴瑞特（Anna and Molly Barrett）、布萊恩・瑪慕拉（Brynn Mamula）、查克萊與利茲・曼德沙（Zachary and Rees Mendonsa）。你們時時提醒我們，什麼才是生活最重要的事情，也讓我們希望能為世界帶來更美好的事物。

Contents

IV 投資得更好

給讀者的話

本書將財務自由社群的經驗與知識進行歸納，並整理成幾項原則，讓讀者可以很快地建立自己的財務自由生活。我們透過「選擇財務自由」（ChooseFI）podcast 訪問了不少這方面的專家，他們與我們分享了自身的故事，而本書正是從眾多訪談延伸而出。不少人透過自己的部落格、podcast、出版物等各式各樣的方式分享自己的故事。假如我們從非 podcast 訪談的管道獲得任何想法的話，其出處將會收錄於書末。

為了讓閱讀更為流暢與輕鬆，有部分引句沒有在書中標注出處，而那些引述是來自「選擇財務自由」podcast 的訪談。另外，在每個章節中所引用的 podcast 節目，會在書末依照章節標注，讓有興趣的讀者可以深入了解各別受訪者的故事及其背景脈絡，並收聽完整的訪談內容。

有很多「選擇財務自由」podcast 的受訪者以匿名方式接受訪問。為了維持他們的隱私與一貫性，我們將沿用訪談中對他們的稱呼，除非他們選擇在其他公開論壇裡表明自己的身分。

你告訴自己的故事將成為你的
現實。

——察德‧可萊格（Chad Kellogg）
美國登山客

引言

克利斯·瑪慕拉　撰

創造你的
財務自由故事

我在 41 歲時達到財務自由，當時我已擔任物理治療師十六年半。2017 年 12 月 1 日那天，是我上班的最後一天。

那麼我如何度過這退休後的第一個禮拜一呢，照理說我可以做任何事，讓我來告訴你吧。

一早起來，我先享受了安靜的閱讀時光、健身，並和太太、女兒一起用早餐。這和其他的週一幾乎一模一樣，只差在我不用準備匆忙地趕到其他地方。我送女兒到幼稚園，並在家附近的公園散了很久的步，享受晚秋清冷的空氣。早上九點三十分，我開始動筆寫下這本書。

寫作一直是我的興趣嗎？其實沒有。那我渴望過寫下**另一本**暢銷個人理財書嗎？還真的沒有！但是，這是我人生中

目前最希望做的事。

這是我人生過去十五多年來一直想閱讀的書籍,但卻尋覓不得。我並非只是覺得我想來寫這本書,而是確信**我必須**寫下它。如果有這本書,我或許可以避免犯下至少六位數、甚至七位數美元的投資錯誤,也可以少掉許多憤怒與不幸,並且更順利地抵達財務自由這一步。我深信這本書可以改變你的人生。

財務自由的目的不在於退休或是多早退休,而是**擁有自由與彈性**,可以依照**自己的**價值觀去規劃人生。你可以為**自己**覺得重要的事工作,也可以依照自己的速度工作。當然,你也可以選擇不工作。財務自由讓你擁有決定的權力。它讓你善用金錢,**擁有豐富的生活**,並且讓你從為了金錢而工作的勞碌中解放出來。

要達成財務自由很簡單,但也不容易。本書介紹了不同人物達成財務自由的方式,但是我們統整出實踐財務自由的三大原則是:

- 花更少。
- 賺更多。
- 投資得更好。

　　而我們便是以這三大原則，規劃此書不同的章節。

　　不過對於推廣財務自由的社群而言，真正的重點不僅在於有多少財富、能多早退休或是其他財務思維。我們希望運用自己的財富，以符合自身價值觀的方式過生活，而非「被迫」選擇所需。但這需要我們能堅持自己的想法，以與眾不同的方式前進。

　　對於願意學習本書內容的讀者而言，你們會發現，財務自由不但完全可行，而且以數學觀點來說，它肯定是可達成的目標。更重要的是，你可以比自己想像的更早達成目標！你不用再依照傳統的工作模式，工作直到 65 歲或 70 歲，本書的原則讓你可以不管是在 60 歲初頭、50 歲、40 歲、30 歲，甚至有幾位幸運兒能在 20 歲就達成財務自由的目標。

　　要實現財務自由，最重要的就是先找到自己生命的意義。我深信財務自由能讓許多人受到啟發，並讓這世界成為更美好的地方。對你來說，那可能意味著改變世界、改變當地社群，或是你的家庭。財務自由也可能意味著讓自己更好，或是從有薪工作退休，並依靠投資組合過生活；也可能是運用自己的財務自由優勢，追求新的事業，或是嘗試踏足你原本沒有勇氣進入的領域。

　　要達成財務自由，首先得找到自己的心之所向，並邁向想要的生活。本書幫助你找到自己的「為什麼」，接著再給

你工具，讓你可以依照**自己的**價值觀規劃生活。

跳脫標準的致富思維

本書書名為「FIRE‧致富實踐」。或許我們可以專注於財務自由、金錢獨立，並且將其定位成個人理財專書。但是請不要過度聚焦在「選擇」財務自由。本書的目的在於**如何**做選擇。

人生有兩條路。一條是普通的路，另一條是選擇財務自由的路。我們往往會受到最初的選擇的影響，並以此創造自己想要的生活。而本書的目的在於協助你踏上那旅程，如果你願意，本書可以成為專屬於你的冒險手冊。你可以選擇自己想要的路徑，通往屬於自己的財務自由之路。

我的人生一開始相當的普通，從小，我被教導要「當個好學生」，所以才能「上個好大學」。一份好的學歷能讓我得到「好的」工作（好比薪水不錯之類的）。這代表我可以實現美國夢，在好的社區買個不錯的房子、每年可以有二到四週的假期，並且在 65 歲左右退休。

在我開始擔任物理治療師不久後，我發現我選擇的工作以及依照標準美國夢之下所發展的專業職涯，並不是我所希望的人生。和很多人一樣，我覺得自己被綁住了。

　　我花了七年的時間以及大把的鈔票，最後得到了我以為的「夢想工作」。我太太和我也買了所謂的「夢想的房子」。很不幸的是，我們很快發現，這根本是別人的美國夢。

　　當時我認為，要解決這個問題，唯有儘早退休。雖然我根本不知道該如何下手。我隨興地決定要在 40 歲退休。接著，我開始自修關於個人財務規劃的技術面，好比投資、報稅策略或是退休規劃。雖然我還滿會省錢的，但是我開始了解到傳統的路徑會讓財務自由離我們越來越遠。而我們往往接受到矛盾、不實且非常昂貴的理財建議。

　　大部分的人都會走上相似的路。對美國人而言，許多人都是過一個月算一個月。很多人受到過往的決定影響，好比學生貸款，當他們做出學貸的決定時，可能連買酒的合法年齡都不到呢。對很多人來說，房子是地位的象徵。很多人花費時間與金錢才能擁有自己的房子，卻根本沒有足夠的時間好好享受它。許多人邊繳著車貸，邊開著不斷貶值的車通勤。假使手頭上還有一點點閒錢，大家會拿來支付「零星的療癒活動」，好比上餐館吃飯，或是去酒吧暢飲。畢竟，他們每天拼死拼活地上班不是嗎？

　　如果過著這樣的生活，在經濟上肯定不太會有餘裕。壞事往往突如其來。如果是過著過一個月算一個月的生活的話，往往逃不掉要付給信用卡公司 16% 的平均年息，這可

不是沒有工作的人付得出來的。

　　我們不太確定大家是真的在深思熟慮後選擇這樣的生活，不過這就是大多數人的美國夢。而這個夢往往會在日後陷入黑洞之中，讓許多人在這條路上深陷泥淖。

　　同樣地，很多人說感情與家庭是生活最重要的一部分，但是工作卻占據他們所有的時間和精力。為什麼許多人的生活與自己所愛好的樣子根本不一樣呢？

　　那些對生活有更高的要求，並且很會存錢的人，往往最後會雇用理財專員，因為人們常聽說理財非常複雜。我們付上高額的服務費用、稅，但他們給我們的建議，卻跟那些讓我們走上多數人道路的傳統價值觀如出一轍。多數理財專員能從賣給你的金融商品中抽取手續費，並且在你所投資的所有項目中，按比例抽成。這讓金融產業有理由維持投資的高度複雜性，因為如此一來，客戶們才會仰賴投資專家的建議。他們也希望客戶永遠執迷於得到更多，而非思考什麼時候該停下腳步。

　　為了擁有標準的生活，人們會放棄什麼夢想呢？有多少人不敢創業，只因為害怕失敗？有多少人放棄了一生盼望的旅行，只因為阮囊羞澀，又或是請不到假？有多少夫妻在婚姻的開始懷抱著希望、承諾、愛情，但最後卻在時間與金錢的雙重折磨下，漸漸心力透支？

　　當你選擇財務自由，你可以擁有更多的人生選項，與更少的恐懼。你可以選擇為自己的價值觀而活。財務自由帶來**自由**。也因此，這對我們而言充滿了吸引力。那麼為什麼沒有太多人選擇這樣的道路呢？為什麼有那麼多人選擇標準的道路，儘管那條路限制重重？一個很簡單的原因，標準的路……很標準，也是常態。不管是學校、家庭教育、大眾媒體或主流文化都教導我們這麼做。也因此，大部分的人根本沒有想過其他的可能。我們都認識用這樣的方式獲得幸福的人。我們也八成已經走在這條路上了。假如沒有任何人指引，我們恐怕很難中途轉換跑道。

　　作家與演講專家吉姆・羅恩（Jim Rohn）常常說，

你就是你最常花時間相處的那五人的平均值。

　　這本書與其他財務自由者將為你提供新的標準，讓你重新思考自己的人生。

　　當你開始閱讀其他人的故事就會很快地發現，只要你認得出來，所謂的標準道路其實還有很多的出口。選擇財務自由不代表要極度節儉、擁有超高的收入，或有天才般的投資眼光。相反地，我們得先認清有許多人在所謂的標準道路上，受到重重折磨，並且理解到，還有其他路徑的存在。

實踐 FIRE 的關鍵心法

一開始，我自己找書、找文章鑽研個人理財方法，我沒有特殊的偏好來過濾資訊。我聽廣播節目，好比主持人戴夫・拉姆西（Dave Ramsey）的節目，他的節目主要針對還清債務這主題，雖然我沒有任何負債，但那畢竟是最受推薦的節目，而我也可以在開車時收聽。

閱讀和收聽廣播節目讓我對主流的個人理財規劃有了基礎知識。但是我太太和我早就避免負債。我們買自己負擔得起的房子，並且很快地還清房貸。此外，我們將收入的一半存起來，這遠超過傳統的專家建議，也就是將 10% 至 15% 的收入作為存款。

有天當我工作非常不順利時，我在電腦上搜尋「如何提早退休？」首先映入眼簾的是「極速退休」（Early Retirement Extremely）部落格，這是我接觸到的第一個財務自由部落格。它改變了我的人生！我頭也不回地進入「極速退休」部落格格主雅各布・隆德・菲斯克（Jacob Lund Fisker）的世界，並且開始讀他的關於提早退休的「21 天改頭換面計畫」（21 Day Makeover）。該計畫教讀者如何盡可能地減少開支，並且提早退休。到了第三天的時候，菲斯克的計畫建議我學習「如何以最少的基本食材，好比米、豆

子與洋蔥進行料理」。我買了不少 4.5 公斤裝的米、豆子和洋蔥。我想我該放棄最愛的壽司和精釀啤酒了。

第七天的時候，菲斯克教我們「盡量不要開車」。接下來的幾天裡，他開始建議不要用手機、不要看第四台，以及其他我們認為生活中不可或缺的事情。他分享自己如何以年花費 1 萬美元過日子。這聽起來犧牲很大，不過或許很值得啊！我很想趕快擺脫所謂的標準美式生活。我想我已經入門了。

我開始在「財務自由、提早退休」（Financial Independence, Retire Early，FIRE）部落格找到志同道合的朋友。他們讓我看到自己的夢想是可以成真的。他們的文章非常激勵人心，也很有教育性。但是很可惜的是，讀這個部落格有不好的壞處，它使我理解到三件非常不開心的事。

首先，當我理解投資與稅務後，我開始不斷地反省過去，並發現以往所犯下的錯誤都是主流、傳統世界給我的諄諄教誨。我們的投資方式特別慘烈，因為我們付給理財顧問大筆費用，卻得到極糟糕的建議。我花了很多時間悔恨，並且感到痛苦。

接著，「FIRE」部落格提倡一步步實現財務自由，也因此，對我來說，提早退休變成了天堂。我覺得自己需要趕快退休，**才能**感到幸福。我開始忽視自己已經擁有的美好事

物。我沒辦法像以前一樣自由自在、隨興生活。當我回顧過往所犯下的諸多錯誤時，我再也無法享受當下。

再來，雖然開始理解自己的財務狀況是件好事，但是我過度地執迷於金錢。我開始想方設法減低開銷，好讓自己趕快退休，也斤斤計較家用帳戶所剩下來的每一塊錢。在我開始讀「FIRE」部落格以前，太太和我常常捐錢給慈善單位，也願意花錢在覺得有意義的事情上。但現在，我變得非常嚴苛。我會想，這機構真的有效與有益，值得我們捐錢嗎？對方會善用我們的捐款嗎？還是會浪費掉？假如把錢存下來可以讓我們早早退休，那麼能捐錢給別人嗎？我們也如此檢視生活中的每項花費，對所有的花費錙銖必較。我們開始不敢從事讓自己開心的事。

我不但沒有得到自己企求的快樂，反而掉入了另一個陷阱之中。我開始按照他人的價值觀與期許過活，而不是聆聽自己內心的聲音。

這是很多追求財務自由的人會犯下的錯誤。最後我終於了解到，我必須先搞清楚，自己的人生想要什麼。我必須規劃自己的人生藍圖，以達到夢想的人生；我也必須了解到錢是非常重要的工具，它讓我們擁有許多事物，但它終究只是個工具而已，而欲望則永不停歇。這讓我開啟了發現之旅，尋找真相。

　　從個人理財的技術面到何謂人生的幸福、意義與成就，我開始大量地閱讀、熱切地思索。我從不同的面向獲取資源，並且廣泛地學習，努力經營我的人生。同時，我開始檢視生活中不必要的部分，並進行斷捨離。慢慢地，我擁有了屬於自己與家人的計畫。

　　當事情開始有了轉機時，我感覺自己變得更快樂、更自主。我看見財務自由可以帶來的好處，它將讓我在不同的人生階段，選擇真正有意義的道路。

　　我開始設想如何幫助別人，並讓他們也擁有屬於自己的財務自由。每個人都有自己的優點、缺點、需求、過去經驗與偏好。我要怎麼做才能幫助你快速達到財務自由？要怎麼樣讓你有能力選擇自己所好？要如何避免你走上我十年前所走的錯誤道路？有什麼方法能讓你不要得到憂鬱症，或是不要讓那些各方面和你完全不同的大師們耽誤了你的人生？

　　我發現所有單一的教條都會讓我們犯下財務上與個人化的錯誤，儘管在那之中也有不少事實。如果我開個 podcast 呢？我可以透過 podcast 訪問不同的人如何克服難關，了解他們的價值觀，以及其如何快速達成財務自由。藉此，我可以和不同人學習，並且參照不同人的人生經驗與模式，發展出所有人都適用、能據此打造出個人財務自由計畫的方法。雖然達成財務自由的人不多，但這條路確實可行。

當我有了這想法的數個月以後，我發現了「選擇財務自由」podcast。我聽了很多集。其中一個主持人布萊德·巴瑞特和我處在很類似的人生階段。另一名主持人喬納森·曼德沙則像是早年的我。他對實踐財務自由非常有熱忱，而且很渴望學習和成長，但由於我自身的經驗，我很快地看到了他的盲點。

我發現自己內心似乎希望他們的節目可以失敗。他們變成我的敵手，而他們做的正是我想要做的事。但是當我成為忠實聽眾以後，我發現他們真的很有一套，而且創造了非常特別的內容。

我沒理由去做和他們一模一樣的事。相反地，我開始聯絡對方，問他們有沒有興趣合作。我可以用他們的訪談內容作為寫作基礎，而出版也可以成為推廣財務自由理念的一環。他們同意了，接著，我們立刻全速前進。

本書提到了許多已經實現、或正在實踐財務自由的人的故事。布萊德常在 podcast 裡說財務自由就像是讓生活更簡單的超能力。然而，這本書裡沒有像是超人克拉克·肯特（Clark Kent）或蜘蛛人彼得·帕克斯（Peter Parkers）這樣的救世英雄。沒有人來自氪星，也沒有人被受過放射感染的蜘蛛咬到。

　　我們寫作此書，因為我們相信財務自由可以大幅改變你的生活、關係、財務穩定度並最終讓你得到幸福。當我們談錢，往往感到莫名的壓力，但是如果你重新思考錢，並以此為基礎來追求自己生活中真正想要的事物，那麼它將成為莫大助力。

　　我是布萊德·巴瑞特，我住在郊區，已婚，是兩個小女孩的爸爸，之前擔任會計師，並且於 35 歲離開公司，展開創業之途。在那之後，我很快地達到財務自由。我和喬納森·曼德沙在 2017 年開始製播「選擇財務自由」podcast，並在世界各地獲得迴響。而我們相信和克利斯·瑪慕拉的合作計畫，將可以呈現出我們podcast 中最好的內容。

布萊德

2016 年夏天，我聽見布萊德在「瘋狂拳擊手」（Mad Fientist）podcast 裡談到如何利用信用卡回饋旅行。後來當我發現布萊德也住在維吉尼亞州的里奇蒙（Richmond）時，我立刻約他吃午餐。我用自己源源不絕的熱情展開話題，午餐很愉快，我們聊了很多關於財務自由的事情，以及如何有效累積信用卡的旅遊回饋，最後，我們甚至想一起經營部落格和對談式的 podcast。財務自由社群所提出的概念，已足以打造出社會運動。雖然很難讓部落格與 podcast 的內容同步，更何況我們算是邊學邊做，也因此本書讓我們得以統整所有驚人的財務自由概念，並轉換成個人財務自由的藍圖。

喬納森

　　這本書介紹的都是普通人。他們有的來自生活費相對便宜的鄉村區域，也有的來自消費昂貴的大城市，而每個人的職業背景也大不相同，有醫生、對沖基金經理、學校老師、軍人、創新產業企業家，也有朝九晚五的普通上班族。有些人一輩子勤儉持家，有些人則已環遊世界。他們有的投資股票、債券、不動產、自己的企業，也有可能什麼都有一點。

雖然本書的主角們都有著完全不同的背景，但他們有三項共同特質，那就是：

- 挑戰既定觀念，並且以獨特眼光看世界。
- 為了改善生活，確實地展開行動。
- 找到方法運用自己的優勢、發揮個人價值，並定義自己的成功。

　　這本書裡的每個人都創造了自己的超能力。你可以學習他們的方法，拓展出屬於你的路徑。

PART 1

GETTING
STARTED

起步

每個革命性的想法都會獲得以下
三階段的反應：

1. 這完全不可能。
2. 這或許可行，但不值得做。
3. 這真的是最棒的點子。

──亞瑟‧克拉克（Arthur C. Clarke）

英國作家

CHAPTER 1

階段性財務自由

我們都知道你無法或沒有能力選擇財務自由的原因。不管是年輕人被學貸壓垮、居高不下的房價或是薪資低廉，都是老話題了。而且，最關鍵的是，投資太難了。在這種情況之下，誰能夠安穩地退休，更不用說在 65 歲前達成財務自由了。我們很容易可以設想到人們躊躇不前或是放棄追求財務自由的理由。

不過假如我們重新定義財務自由的意思，或是了解這如何能讓你更自主，你或許會覺得要達到財務自由比較容易。我們常常把財務自由想得太過黑白分明，不是有就是沒有。因此，一個人不是擁有財務自由，就是沒有；你不是正在工作，就是已經退休。

但如果這樣想的話，我們就很難繼續談下去了。這會讓

財務自由變成遙不可及、完全不可能的目標。也因此，很多人會打消念頭。此外，那種認為退休帳戶裡該有多少存款的想法，也會讓話題終止。但正是這種思維，讓許多人無法邁向財務自由。他們無法理解財富可能帶來的真正自由與力量，並深陷泥淖。當我們了解金錢只是達到目的的工具後，我們才可能選擇自己想要的生活方式，並體會到財務自由將為我們帶來可貴的力量與自由。

《有錢的簡單方法》（*The Simple Path to Wealth*）作者柯林斯（JL Collins）讓「去 X 的錢」這句話在財務自由社群裡發酵。他的意思是，即便還沒累積到足以退休的財富，但至少賺到了敢說「去 X 的錢」的程度。如果敢說出「去 X 的錢」，那至少比多數人擁有了更多的自由。

布萊德說正是這句話讓他有勇氣拋下會計師的工作，踏上另一條旅程。許多人都同意那種受僱於人的壓力與種種束縛。布萊德在 podcast 和喬納森談到，究竟什麼是壓垮他的最後一根稻草：

「突然之間，我們必須在八點打卡，而不是八點半。這讓我非常不爽。就是那個『面對面交流』的老生常談，讓我再也受不了美國的企業文化。重點不是你的工作內容，也不是你的工作效率，而是你一天被鎖在辦公桌前的時數⋯⋯你聽得出來吧，我真的超不滿的。而且我也沒有要掩飾。幾天

後，我跟（太太）蘿拉（Laura）說，『夠了，我不想幹了，我真的受不了了。』接著我走進辦公室，遞上辭呈，就這樣離開了公司。當時我能夠這麼做的原因有兩個：首先，我已經有了自己願意熱切投入的小事業；再來，儘管我還沒財務自由，但已經逐步實現階段性的財務目標。光是這兩點就讓我有足夠勇氣說，讓其他混球來處理這些事吧。」

而布萊德不用。

令人吃驚的是，儘管有好多人早已累積足夠的財富，可以說出「去 X 的錢」，但是他們還是鮮少會脫口而出這句話，並且大方地比出中指，飛奔出辦公室。

「加油！咖哩餅乾」（Go Curry Cracker）部落格格主傑洛米（Jeremy）說，擁有「去 X 的錢」等級的財富，讓他有信心把工作做得更好。這份信心讓他在就業期間心情更好，也讓他在老闆眼中變得更有價值，並支付其高薪，因而減少了他必須工作的年數。而他的同事們多半有著財務壓力。假如你有房貸、車貸，還要養家、銀行又沒有存款，那麼當你的老闆要你做些蠢事時，你能怎麼辦？假如你不乖乖就範，後果可能很有風險。傑洛米發現，當你有信心說出像是「我不覺得這是最好的做事方法，我建議我們這麼做」的時候，雇主往往會改變看待你的眼光。

當你擁有不從俗的自由與信心時，你所冒的風險，也會

為所處機構帶來價值。突然之間,你已經不是普通的上班族了,而是成為辦公室的大將。當你不需要為了獲得每月薪資而應和老闆時,權力關係就改變了。當然,最糟的狀況是,你會被開除。但假如你並不需要擔心下一個月的帳單的話,你也不會那麼害怕被開除吧。

「去 X 的錢」的概念對財務自由社群來說,還滿有吸引力的。不過,這句話還是稍嫌籠統。我們需要檢視自己面對金錢的個性、態度,以及風險承受度,以便計算出每個人的基準值。

因此,我們需要更完整的架構來量化每個階段的進展與成果,這樣在達成財務自由之前,我們可以隨時為自己的小成果歡呼。撰寫「財經 180」(Financial 180)部落格的喬爾(Joel)與他的太太雅莉絲(Alexis)在節目裡,有針對此議題進行詳細的討論,而布萊德與喬納森也運用了此架構進行深度的討論。

　　離開那安全的會計工作是象徵性的一步，但不代表我不害怕自己有可能會失敗。財務自由對當時的我來說仍是很遙遠的，我很有可能會做會計工作好幾年，以確保自己擁有百分之百經濟無虞的「安全」生活。

　　但是我心裡知道，我隨時都可以找到會計工作，不過假如我不展開自己的網路事業，總有一天會後悔的。我在 2015 年 1 月 31 日離開了會計工作，並在隔天就開始經營「旅行里程 101」（Travel Miles 101）網站！這也就是為什麼我會在「瘋狂拳擊手」podcast 討論信用卡的旅遊回饋，而喬納森又剛好聽到這節目、約我吃午餐的原因。剩下的，就是歷史的一部分了！

布萊德

通往財務自由的七大階段

　　喬爾的財務自由數字來自財務自由社群的基本概念,他們認為當你的投資總額已為年支出的二十五倍時,就達到了財務自由。此計算方法來自著名的 4% 法則(4% Rule),根據歷史資料顯示,在你退休後,每年可以領出投資組合的 4%(你可以依照通貨膨脹率調整此比率),如此能讓你避免坐吃山空的一天。我們會在第十二章更完備地介紹 4% 法則。

1. 先歸零

　　第一個階段是先達到零淨值。當然零淨值,也就是完全沒有任何財產,這聽起來似乎並不值得慶祝。但是對原本以主流觀點規劃生活,爾後選擇財務自由一途的人來說,這可是很大的成就。請先想想,對很多人來說,「正常」似乎包含了負債,不管是卡債、車貸、學生貸款或其他消費性債務。此外,對很多人來說,最大筆的負債可能就是房屋,好比每月的房租或是每月該繳納的房貸帳單。

　　對很多人來說,每一張新的帳單,都是為了過去的決定而花。

然而，這會給生活帶來很大限制。你上班的目的只是為了避免有人取回你原本已經擁有的東西。你沒有自由選擇邁向新的方向。

我花了將近十年的時間省錢，只為了償還一筆與現在生活無關的債務，我一點也不覺得這樣的時間成本是合理的。當我 28 歲畢業時，我負債了 16 萬 8,000 美元。

我得有強大的意志、保持專注，並且拼命工作，才能先歸零。但是我也不後悔其中所付出的努力。當我償還債務後，終於重拾規劃金錢的自由，而不用再為了過去的決定持續消耗。

喬納森

零淨值並不是「沒有意義」的目標。不管你是將零淨值定義為零債務、除了不動產以外零債務，還是淨資產（資產減去負債）為零，你得先達到此階段才能有向前的空間。

2. 充足的緊急預備金

很多主流的金融專家老是說要擁有至少足夠六個月支用的緊急預備金。對很多人來說，「存下緊急預備金」是正確的建議，特別是對那些沒有其他方式可以度過人生難關的人來說。但是對遵循主流理財建議的人而言，要存到這筆數目，需要多大代價呢？

如果你按照一般的建議，存下 10% 的收入，並花掉其他的 90%，那麼你花一年的時間存錢，只能存到一個月的支出。你得花差不多五年的時間，才能存到足夠六個月使用的緊急預備金。怪不得大部分的人聽了以後，就感到卻步，最終連一點存款也沒有。

但是選擇財務自由的人不同。他們知道要降低每月花費才能提高存款比例。這不但代表他們可以更快存下三至六個月的緊急預備金，還意味著可以存下更多的錢。假如你可以存下 50% 的收入，那麼你在儲蓄一年後，就已經擁有足夠一整年支用的緊急預備金。你只要花三到六個月的時間，就可以存到足夠三個月至六個月支用的緊急預備金。

　　擁有緊急預備金能讓你無後顧之憂，並且能應付突如其來的壞事，好比車子壞掉或是受傷等。它也讓你有能力將未來的存款納入投資活動，並讓錢開始為你工作。

3. 達到六位數美元的投資組合

　　第三階段為達到六位數美元的投資組合。唯有當資產達到六位數美元時，你才有可能賺進可觀的投資報酬、為自己創造財富，也因此你必須很辛勤地工作，以便達成此目標。當你達成後，你應該要為自己喝采。儘管你還是需要工作賺錢，但你已經累積了一定的財富，而你擁有的資產將開始為你工作、以錢滾錢。

　　根據最新的美國人口資料顯示，當你財富淨值達到六位數美元時，你已經擠進前 50% 的美國家庭了。如果減去房屋淨值（home equity），那麼美國家庭淨資產的中位數將低於 5 萬美元。雖然這對遵循傳統道路的人來說好像很困難，但是對擁有不錯收入並且能拉高儲蓄率的人來說，要達到六位數美元的投資組合並沒有很難。在沒有任何投資獲利或是雇主提撥一定比例金額至退休帳戶的狀況下，一對夫妻若提撥最高金額至 401(k) 退休帳戶中（以 2019 年來說，每人提撥上限為一年 1 萬 9,000 美元），兩人將可在三年內達到這個目標。而個人則可運用 401(k) 退休帳戶在大約五年左右

達此目標。

　假如你擁有了六位數美元資產，並且妥善規劃自己的生活方式，你將擁有可以讓自己度過二至四年時光的足夠財富。這也讓你有勇氣運用「去 X 的錢」概念，因為你已經擁有足夠的財務緩衝空間，能避免任何不利的短期後果。

4. 實現一半的財務自由

　第四個階段為達成一半的財務自由。這代表你的資產為個人年消費的十二・五倍。雖然按照 4% 法則，你應當擁有兩倍以上的資產才能達到財務自由，但是你絕對已經成功一半了。假如你有負債，那你得先花點時間還清債務。接著你得存下足夠的錢，才能體會到投資複利所帶來的明顯好處。

　當你建立可觀的投資組合時，你的錢將會創造豐厚的投資報酬，這會放大你的工作、收入與存款的成果。當你達到此目標時，你會碰上一個轉折點：你會發現，當你的投資遇上好時機時，它們所帶來的收益將會比你的主動收入來得更多。被動收入正是讓財務自由可能的原因，這絕對值得好好慶祝啊！

5. 快成功了

　接下來的兩個目標將不會分先後次序，決定順序的將會

是你可以自由支用的預算。不管誰先誰後，關鍵在於你想要什麼樣的生活方式，你將有足夠自信從傳統工作解放出來，開始嘗試新的生活方式。

當你的投資總額達到年支出的二十五倍，並且足以支付所有的**基本支出**，包括居住、飲食、生活費、健康保險等，你就達到了其中一個重大目標。而檢視自己的消費習慣（我們會在第四章與第五章進行討論）能讓你知道自己的基本開銷是多少。在這個階段，你還是得工作才能維持現有的生活風格，但是你不用為了下一頓飯或是為了有遮風避雨的地方而去上班。你可以運用投資收入負擔基本支出，然後只需要為了較為奢侈的花費工作罷了。

而當你的投資組合達到年支出的二十倍時，你就完成了另一個重大目標。你可以每年提領投資組合的 5% 來支付生活總開銷。雖然這比只提領 4% 的資產來得較具風險，但是根據歷史數值顯示，你至少有 80% 以上的機會可以維持相同的消費水準，並且不會坐吃山空。此時或許你已經可以辭職了，但前提是如果你的投資組合在退休初期表現不佳，你也願意生活得較有彈性一點。

6. 財務自由

下一個階段就是當你的組合達到**每年**支出的二十五倍，

大部分財務自由社群的人會稱此時刻為「財務自由」。而這是根據 4% 法則算出來的。如同我們將在第十二章提到的，這不代表絕對的成功。但是比較過歷史上的數種狀況後，這幾乎代表 90% 的成功了。只要你願意更靈活地用錢、偶爾願意工作換取收入，基本上來講，你已經達到徹底的財務自由了。這代表你可以維持現有的消費水準，並且滿足於目前的生活方式。

7. 財務自由並擁有足夠的財務緩衝空間

當你擁有年支出三十三倍以上的投資總額時，這相當於你每年能以更低的提領率（3%）來退休，而根據歷史數據，這代表你可以度過任何難關，不會花光退休金。當你達到如此規模的投資組合時，你有足夠的保障與空間可以按照自己的欲望與需求來增加消費。事實上，達到財務自由並擁有足夠的財務緩衝空間，能帶來豐足之感，而非匱乏，這或許是有些人不懂得財務自由奧義的原因吧。

財務自由的關鍵啟發

或許一路上你還想達到更多目標。而任何新的目標至少有兩種好處：首先，擁有短期與階段性的目標，能帶來激勵

功效；其次，在通往財務自由的道路上，這些目標能提醒自己擁有不斷成長的力量與自由。當你更有能力時，也將擁抱更多的可能性，去創造有趣而特別的生活風格，而你所冒的風險也會大幅降低。

當你體認到自己累積的財富所帶來的力量時，將有信心放棄所謂的「正常」工作，轉而追求完全不同的人生。這也是財務自由社群所帶給我們的強烈啟發。

行動步驟

1. **界定「去 X 的錢」對你的意義。**你需要多少錢才有足夠的安全感能夠在事業裡冒點風險、減少工作量,甚至嘗試完全不同的事?

2. **了解自己在財務自由的哪個階段。**你認為儘早達到財務自由是有意義的嗎?為什麼呢?請檢視自己手中可能的選擇。

如果你不知道自己往哪走，
你就會出現在錯誤的地方。

——尤吉・貝拉（Yogi Berra）
美國傳奇捕手

CHAPTER

找到你的為什麼

所有讀本書的讀者都可以達到財務自由，有人可能花十年或更少時間就做到了。你或許感到不可置信，甚至你對財務自由這概念還是非常懷疑。但是請注意，沒有任何人認為達到財務自由是很簡單的事。因為這真的不簡單啊！要達到財務自由必須勤奮工作，需要時間、計畫、徹底投入與節制力，以及能夠將付出轉換為實際報酬的眼光。我們將介紹各行各業、來自不同背景的財務自由者，或是正在這路途上奮鬥的人。他們將為我們分享自己的祕密。

我們先從經營「1500 天通往自由」（1500 Days to Freedom）部落格的卡爾（Carl）開始吧！他曾經在另一個訪談時，被人問及自己的金錢哲學。但他想了好幾天才找到

答案。為什麼這個問題會難倒一位熱門的理財部落格寫手呢？他認為他慢慢找到關鍵答案，「真正重要的其實不是錢，而是以對的方式生活，錢只是讓你可以達到這個目標的工具而已。」

對我們的社會來說，錢是極其重要的工具，因此我們必須了解錢的使用方法。然而，請記住，在邁向財務自由的道路上，錢不是主要目標。幾乎所有達成財務自由的人都會認同上述說法。卡爾並沒有大費周章地鋪展個人的金錢哲學，因為這對他來說是基本常識。但是對我們大多數人而言，最好先努力改變自己的觀點。

羅素（J.D. Roth）八成是最早開始寫個人理財部落格的格主，他經營相當熱門的部落格「慢慢致富」（Get Rich Slowly）。羅素認為每個人都應該設法釐清個人的任務。他鼓勵你坐下來，好好地寫下自己的任務宣言，並且寫清楚對你來說，什麼是重要的。這能讓你在未來採取行動時，有更清楚的方向與目標，並且設立好行動的準則。

羅素非常堅持你得寫下任務宣言。雖然我不清楚有多少人有聽他的話，乖乖照做，但是當我們觀察達到或幾乎達到財務自由的人時，可發現一個趨勢：幾乎所有人都清楚定義了自己的目標與任務，而這成為他們未來行動的根本動力。

　　早在我正式接觸財務自由的概念時，我就已經「發現」財務自由的關鍵之一：儲蓄。而我之所以會如此重視儲蓄，是因為人生的一些經歷：

1. 我在大學暑假打工時，有人給我看關於退休金的複利計算表。這讓我大吃一驚，並且徹底改變了我的人生。
2. 2001 年，我在當時全球第一流的安達信會計師事務所（Arthur Andersen）上班。但由於安隆醜聞，該公司九個月後就倒閉了。
3. 我看到會計師事務所的夥伴每週上班七十小時，在辦公室裡度過大部分的人生。我可不想這樣過活。
4. 我發現，如果我跟隨主流標準走，幸運的話，我大概可以在接下來的四十年裡，得到連續十天休假。

　　這些事情讓我開始排斥汲汲營營工作到 60 歲的標準想法，我想找到其他出路。我透過存錢來避免自己未來必須工作求溫飽，這是我的起步。

布萊德

雖然我差不多剛出社會時就知道財務自由的概念，但是我的財務狀況並不利於實踐財務自由。我在想，如果我可以更早就有相關概念的話，我的事業選擇與人生是否會有所改變。如果你可以越早地設立目標，你的財務狀況也將會大幅改善。

喬納森

真正重要的其實不是錢，而是以對的方式生活，錢只是讓你達到這個目標的工具而已。

經營「儉木」（Frugalwoods）部落格的伊莉莎白・威拉德・塔默斯（Elizabeth〔Liz〕Willard Thames）曾經寫過，她和先生剛結婚時，會在每個週末丟下工作，開車數小時到山裡健行。伊莉莎白跟布萊德與喬納森說，「我們最快

樂的時光都是在山中，然後一起在大自然裡散步，而不是買任何東西，我們的幸福也和媒體沒有關係。」但是他們得花很多時間開車回家，以便準備週一的上班日。

在了解到真正為自己帶來快樂的事以後，他們開始形塑未來的行動與決定。他們想像自己提早退休，並且搬到山裡去。當時他們設想可以在 50 歲時及早退休，雖然那距離當下還有好幾個十年。但是這讓他們對自己想要的事物有了更清楚的輪廓，並開始更仔細地問自己問題。伊莉莎白說，最終他們開始問自己，「為什麼不現在就去做呢？」

這些空想對不熟悉財務自由概念的人來說，可能很荒謬，但是當你有能力比多數人更看清財務自由概念時，就有機會實現目標。就像伊莉莎白說的，當時他們不可能有能力立刻搬到山間。然而，她也強調，「當你決定好十年、二十年、三十年後要怎麼過活時，你會很清楚要如何規劃財務，也會了解到自己需要多少積蓄，才能過上那種夢想生活。」

大多數的人都日復一日地過生活，然後選擇在 60 歲或 70 歲退休，因為大家都是這樣做的。但伊莉莎白建議大家先勾勒出自己的目標，而且越多細節越好。接著，思考該如何讓它成真。他們真的成功了，兩人在 30 歲左右便搬到佛蒙特（Vermont）的森林裡居住。

對很多人來說，追求財務自由的動機只是很單純地想要

擁有慢下來、好好享受人生的自由。傑（Jay）是地質學家，他有兩個小孩，居住在休士頓，並且經營「慢慢享受咖啡」（Slowly Sipping Coffee）部落格，他解釋部落格名稱來自某次他和太太在週五下班後的靈光一瞬。他們發現原來自己最享受的時光莫過於兩個人能好好坐下來、喝杯咖啡、聊聊天。他們想到平常工作日時，總是東奔西跑，忙著張羅小孩，往往拿著咖啡後就急忙出門，一個人在開車時喝咖啡。

財務自由並不意味著逃避生活中令人厭煩的事物，而是奔向你心中所愛。

它代表擁有更明確的生活目標，而不是隨波逐流。當你開始更有目標地生活，你的賺錢、花錢，以及投資決策都將變得更簡單。以前你認為相當艱難並且讓自己犧牲許多的決定，都會變得容易，並且帶領你走向自己想要的生活。

財務自由的真正意義

對那些嘗試實踐或是已經財務自由的人來說，通常都有一個領悟到「自己並不想要眾人所渴望的生活」的時刻。但是在通往財務自由之路前，他們往往也不相信有可能達到如

此龐大的目標。那就是為什麼有許多人在生活裡載沉載浮，正如同多米尼克・科爾特斯奧（Dominick Quartuccio）形容的，像是「催眠般的節奏」。

多米尼克為人生指導教練，並著有《規劃你的未來》（*Design Your Future*）。他和布萊德與喬納森聊過「**覺醒**」，也就是人生中讓我們徹底改變的時刻，好比親密的人過世了、確診癌症、突然失去工作等，幾乎 99％的覺醒時刻，都會帶來改變。很不幸的是，唯有當一個人失去自己珍視的事物時，才可能改頭換面。

多米尼克強調當一個人覺醒後，要展開行動，才算是抵達真正的分水嶺。每個人都知道抽菸對身體不好，但是大多數的人還是會繼續抽菸，直到醫生診斷出癌症為止。**接著，他們就覺醒了，開始戒菸。**

撰寫部落格「財經 180」的喬爾與他的太太雅莉絲也有這樣的財務覺醒時刻。他們兩人是住在佛羅里達海岸附近的工程師，一直以來都是漫不經心地將收入花掉。喬爾這麼說，「當你養成了某種習慣，並且持續那麼做時，它就會變得習以為常。」他們每年總花費大約 10 萬美元，但是卻說不出錢到底花到哪裡去了。這種態度表現在方方面面上：好比常常出門購物，卻根本不需要任何東西；好比當亞馬遜的紙箱到了，才發現根本忘記訂過這東西；好比因為家庭責任

或社交壓力，而參加根本不想要的旅行。當開始理解到自己為了不需的「事物」花費多少錢的時候，雅莉絲慚愧地心想，「只要我付得出來，就沒問題。」

但是當雅莉絲車禍後，覺醒的時刻終於到來。她的車幾乎全毀，但本人卻毫髮無傷地逃離了。這人命關天的一刻讓他們重新思考自己的生活方式，並且想找到對他們而言，到底什麼才是重要的事。他們開始檢視自己的消費習慣，並且將錢投資在財務自由上。一開始，他們存下 7% 的收入，最後兩人竟然可以把每年 80% 的收入都用作儲蓄！當人有目標時，改變並不難。

喬爾在 33 歲退休，也就是車禍發生的五年後。雅莉絲比他年輕一歲，也預計在相同年紀時退休。她繼續工作的原因是因為她認同工作本身的意義。他們能在這麼短的時間內進行如此大的改變，真是太不可思議了。更難能可貴的是，兩人都認同自己不需要做出任何犧牲，就可以達到財務自由。

喬爾與他太太雅莉絲的經驗，可說是覺醒時刻的典型例子。而對很多財務自由社群的人來說，覺察本身就足以帶來改變。這是我們在與財務自由實踐者訪談時，所觀察到的行為模式。

而住在華盛頓州並一起撰寫「金錢大賽局」（Money Metagame）部落格的年輕菁英諾亞（Noah）與貝綺

（Becky），則有另一個從察覺到徹底覺醒的例子。他們表示自己早年承擔起成年人應有的責任，所以兩人會檢視自己是否有「達到普通成年人的目標」。好比他們會問自己，有房子嗎？有。有車子嗎？有。有投入足夠的資金進 401(k) 退休帳戶，讓雇主也能提撥相應比例的金額嗎？有。

他們說當時（2014 年）兩人約存下 6% 的薪資。貝綺為年輕的小兒科護士，但她很快在龐大的工作壓力之下感到疲憊不堪。兩人開始檢視是否有可能改變生活方式，並且發現了財務自由的概念。

在短短一年內，兩人的儲蓄率從 6% 提升到 58%。這數字實在滿驚人的，但是兩人的自我分析也讓人留下深刻印象。諾亞這麼說，「我們的生活沒有改變很多，我們只是為自己存下的錢設定了目的……這讓我們達到財務自由。」當你閱讀此書後，你會知道如何花更少錢、賺更多、投資得更好，並且運用特定的策略與方法，達到如此深刻的改變。

或許，在布萊德與喬納森所採訪的人物裡，最令人印象深刻的覺醒時刻來自住在美麗的科羅納多海灘（Coronado Beach，近聖地牙哥市）附近的新手爸爸史考特‧瑞肯斯（Scott Rieckens），他的生活本身就滿夢幻了。史考特這麼說，「我心中老有個揮之不去的念頭，那就是當我們越成功，工作就越辛苦；當我們得到越多，生活就越形勞碌……

我每天一大早醒來，親親太太與孩子，接著就得趕緊出門工作，才能負擔得起這樣的生活。但是我很少好好享受生活。」

他知道自己想要財務自由，卻不知道該如何下手。他認為自己非得有個價值百萬美元的超級商業點子或創新發明，才能財務自由。畢竟，大部分人都是這樣才發達的吧？因此他開始收聽許多創業 podcast，並在腦海中複製著這樣的想法。直到有集 podcast 讓他徹底清醒過來。他記得當時是 2017 年 2 月 13 日。那是提摩西‧費里斯（Tim Ferriss）的節目「每年只花兩萬五或兩萬七美元的好生活」（Living Beautifully on $25-27k Per Year）。費里斯訪問了部落客彼特‧阿登尼（Pete Adeney），也就是「錢鬍子先生」（Mr. Money Mustache）。當時的主題是如何在達到財務自由前，過著開心且不錯的生活。

在接下來的半年裡，史考特不停瀏覽錢鬍子先生的部落格以及其他關於 FIRE 的部落格。他開始和其他財務自由的意見領袖保持互動，其中也包括了喬納森與布萊德。他與太太泰勒（Taylor）決定在全國旅行。史考特把他們的旅行拍攝下來，並且四處訪問其他 FIRE 實踐者，最後他完成了《賺錢，更賺自由的 FIRE 理財族》（Playing With FIRE）紀錄片。

史考特與泰勒在短時間內就做了如此巨大的改變，這點

讓人吃驚。更棒的是，要實現 FIRE 並不難，不管是對他還是對所有的讀者而言都是。

當紀錄片團隊進行拍攝時，所有團隊成員都感覺到了這種生活方式的好處。史考特說，有天拍攝結束後，他聽到工作人員說，「我也得開始好好規劃生活了。」另一個團隊成員則是在看到史考特與泰勒的例子，以及紀錄片中其他 FIRE 理財族的故事後，很快地付清了自己的學生貸款。

當人們覺醒後，往往會大幅改變生活，以追求財務自由。但對有些人來說，要享受財務自由的好處，唯一必要的改變是：覺察到財務自由這個概念。

有個很好的例子來自名叫傑夫（Jeff）的醫生，他經營「快樂哲學家」（The Happy Philosopher）部落格。當時他覺得自己執業不到五年，就已經筋疲力盡。他記得當時曾經有人跟他說，「你至少需要 1,000 萬美元才可以退休」。大家都認為，要退休得先存好一筆鉅款。你常常會聽到，你必須有足以替代事業生涯巔峰收入近 80% 至 90% 的資產，才可以幻想退休。

從某方面來講，財務自由指打造財富。而財務自由社群的人和普通人的歧見來自於對財富的定義不同。財務自由並不是指你擁有一筆特定資產，好比 100 萬美元，或是假如你是高收入階級如醫生，那該筆金額或許就是 1,000 萬美元。

財務自由的意義在於，衡量你理想生活所需的資產。

這或許聽起來差別不大，而且對於正在追求財務自由的人來說，也是老生常談。不過，對於原本以非常傳統的方式思考金錢的人來說，這可能會是思考的轉捩點。記住：讓你達成財務自由的關鍵不是你賺多少錢，而是你花多少錢。能了解這簡單的道理可說是強化自身力量的第一步。

假如你想要住豪宅、過著名流的生活、每幾年就買新的BMW，或是用最昂貴的方式旅行，當然沒問題。但是你可能會需要 1,000 萬美元在手，才能談退休。然而，對多數人而言，很多人了解到自己想要的只是舒服且安全的住宅、每隔一陣子可以和好友們聚一聚、除了過著有彈性與新鮮感的生活外，偶爾可以旅行，以及一台安全性能高的車子。那麼你可能只需要 1,000 萬美元的一小部分，**就足以重新掌握自己的生活**。這種覺醒可以帶來徹底的改變，以及不可思議的平靜感與幸福感，而非時時在心中翻攪的憤怒與絕望。

另一名經營「FIRE 醫師火力全開」（Physician on FIRE）部落格的醫生也分享過類似的大徹大悟。他曾經推算過當自己達到退休年齡時，投資總金額可達到 1,300 萬美元。但是他突然想到，「等等，我根本不需要 1,300 萬美元

啊！」他不用改變任何生活方式。他的覺醒只是讓他理解到，要達到財務自由其實務實可行，而且遠比他所想像的來得更快。

幸福人生的財富動力學

你選擇財務自由的原因當然非常個人。但是當我聽過無數的人分享關於財務自由的實踐與嘗試後，常常聽到大家分享類似的議題。所謂的財務自由指的是，可以再次掌控自己的時間與生活的能力。這代表你有時間和家人、朋友相處，可以有時間沉浸在自己的嗜好裡。財務自由代表擁有彈性，也代表你有自由選擇有意義的工作，而非為了溫飽才工作。財務自由代表有自由追求最有個人成就感的選擇，而非最有經濟價值的路徑。財務自由代表儘管你在一件事或一次投資上失利，也不會摧毀你整個人生。

經營「金融導師」（Financial Mentor）網站的教育者、理財顧問與作家陶德・特拉斯德（Todd Tresidder）認為，我們真正追求的其實是個人自由。而財務自由只是個人自由的其中一部分，並讓我們能夠追尋人生中真正有意義的事。以下我將分享幾個財務自由社群裡，人們解釋自己追尋財務自由的「原因」。

還記得「慢慢享受咖啡」的傑嗎？他和太太時常討論
「無經濟負擔的生活改變」（Fully Funded Lifestyle
Change）。對他們而言，一開始追求財務自由是為了擁有
更多和對方、小孩相處的時間，而不是過著每天上班十到十
一小時（加上通勤時間），並付錢給學校、托嬰中心或保
母，讓其他人陪伴小孩長大的生活。傑這麼說，「我們不是
為了想辭職而辭職。我們想改變的是生活方式，因為當時的
生活實在太疲勞，也不可能長久。」

經營「好的根源」（Root of Good）部落格的賈斯汀
（Justin）說道，「我想，一開始大家在追尋財務自由的時
候，一切還很抽象模糊……但對現在的我而言，一切都很自
然了，我已經退休三年……我們的生活以工業時代的人的標
準來說，已經是億萬富翁了。當然我們不是真的億萬富翁，
但是我們每天都有自由與彈性，能思考自己想幹麼。」

經營「火熱的千禧世代」（Fiery Millennials）部落格的
關（Gwan）則是很早就以財務自由的原則過生活，當時她
還沒大學畢業呢。她說，「財務自由讓我擁有很多。基本上
它讓我能盡情選擇自己未來想過的生活。」

塔嘉‧赫斯特（Tanja Hester）在快 40 歲時退休，並住
在美麗的塔荷湖（Lake Tahoe）旁，她經營「我們的第二人
生」（Our Next Life）部落格。她的觀點很精湛，「我們真

的是人類歷史上最幸福的一群人，畢竟我們擁有如此奢華的自由，得以選擇世界上許多新奇、讓人興奮的事物，每天都令人期待。」

放棄原本生活，並拍攝《賺錢，更賺自由的 FIRE 理財族》紀錄片的史考特・瑞肯斯曾經得說服抱持懷疑態度的太太泰勒，一起踏上那振奮人心的財務自由之旅。他怎麼做到的呢？他請她寫下每個禮拜真正讓她感到快樂的五到十件事。

泰勒的答案是：

- 幫寶寶念一本書。
- 聽見寶寶在笑。
- 和先生喝杯咖啡。
- 晚上喝杯小酒。
- 吃很棒的巧克力。
- 和家人一起出去騎腳踏車。
- 散步。
- 和父母或家人相處。

當他們仔細閱讀清單後，就發現要追求財務自由的成本其實不高，他們深受啟發、鼓勵，並且迅速開始追求財務自由。那麼你為什麼不這麼做呢？

行動步驟

1. **寫下五到十件**讓你在日常生活中感到快樂的事。

2. **思考真正驅使**你選擇不同生活方式的動力是什麼？

3. **寫下你個人的任務宣言。**接著，閱讀以下關於〈花更少〉、〈賺更多〉與〈投資得更好〉的章節，並依據你的個人任務，寫下可以做到的理財決定。

我希望在接下來的這年，你可以犯錯。因為當你犯錯後，就會創造新的事物、嘗試新的事情、學習、生活、突破自我、改變自己、改變這個世界。你會試著以前從沒做過的事，更重要的是，你動起來了。

──尼爾·蓋曼（Neil Gaiman）

當代奇幻大師

CHAPTER 3

致富心態

我開始寫這本書時，我設法簡化財務自由的意涵。最成功的個人理財專家總是有能力化繁為簡，為我們提供方法，循序漸進地解決財務問題。最經典的例子就是戴夫·拉姆西，他算是當代最為人熟知的財經大師。他透過所謂的「小步驟」幫助上萬人擺脫債務糾纏。而那七個簡單步驟真的非常有效，因為每個步驟都很精確，也很容易付諸行動。

財務自由比擺脫債務還要困難，雖然擺脫債務也是個很好的開始。選擇財務自由是一種思考方式。它讓我們發展出完整的生活思考架構，而非局限於單一的選擇裡。當我分析自己的財務成就，並對比其他人的經驗後，我發現每個人的選擇確實差異很大。事實上，沒有任何萬靈丹或是小步驟可

以輕鬆達到財務自由。不過，儘管每個人選擇的途徑不同，但是在財務自由社群裡，仍舊可以看到類似的經驗模式。而在其中，最重要的恐怕就是擁有成長心態。

史丹佛大學心理學家卡蘿・杜維克（Carol Dweck）的著作與教學都在引領眾人理解「定型心態」（fixed mindset）與「成長心態」的差別。根據杜維克的論述，擁有定型心態的人認為成功來自自身能力，而擁有成長心態的人則認為成功來自不間斷地學習、個人發展與恆毅力。擁有定型心態的人傾向懼怕失敗，因為這代表他們自身的缺點。他們會避免挑戰來隱藏自己的不安全感，並試著讓自己看起來很好。相反地，擁有成長心態的人擁抱挑戰，並認為唯有學習失敗所帶來的不安、恐慌，才能有所發展與成長。選擇財務自由的人，多半擁有成長心態。

當我和不熟悉財務自由概念的人討論相關議題時，常常聽到的第一個質疑聲音就是，「我覺得不錯，但我賺的錢不夠啊。」另一個說法則是，「這聽起來不錯，但我對錢一竅不通。」或是「投資太複雜了啦。」這些答案顯示了兩種問題：首先，是缺乏知識，這透過一點教育就能有所改變；其次，是缺乏成長心態，這就比較棘手了。而擁有成長心態的人往往會有不同的說法，比如：

　　擁抱成長心態大概是我過去十年來做過最好的選擇之一。以前的我總是懷著定型心態，認定自己「不擅長這個」或是「我對這沒天分」，甚至是看似正面的定型心態，好比「我很聰明」。

　　提摩西・費里斯的《一週工作4小時》（*The 4-Hour Workweek*）激勵我學習經營事業的新技能，儘管這全新事業可能會失敗。我確實失敗了！一再慘敗。但是我認為自己在每次失敗中，都學到了一點事情，並成為我日後成功的契機，這些成功案例包含：我早期的網站「里奇蒙存錢客」（Richmond Savers），接著則是「旅行里程101」，最重要的當然就是「選擇財務自由」網站。

　　我不認為那些在失敗事業上花費的上千個小時是浪費的，我也學到了架網站的知識、相關市場等等，這些都幫助我把往後的網站經營得更為成功。

布萊德

質疑者：「我覺得不錯，但我賺的錢不夠啊。」

成長心態者：「我現在賺的錢還不足以達到財務自由。」

質疑者：「這聽起來不錯，但我對錢一竅不通。」

成長心態者：「我要怎樣才能更懂錢呢？」

質疑者：「投資太複雜了啦。」

成長心態者：「有什麼好資源可以讓我學習投資呢？」

選擇財務自由需要一點好奇心與信心，認為自己可以改進，而好奇心與信心不需要任何成本。

成為終身學習者

對於選擇財務自由的人而言，他們都將持續的學習視為共同原則。假如你不學習並拒絕成長，那當然遭致失敗。很多財務自由社群的人，都在達成目標後，選擇過著更不同的人生。有些人繼續發展自己的事業，有些人開始進行自己真正感到熱情的計畫，也有人離開原本的高薪工作，踏入全新的職業。重點是，因為他們對自己的計畫非常有熱情，有些人還賺到了更多的錢，而且也比從前更有影響力。

撰寫「ESI 金錢」（ESI Money）的部落格格主就是很好的例子，他的暱稱為 ESI（Earn, Save, Invest，賺錢、存錢、投資），他曾在「選擇財務自由」podcast 裡探討增加收入的方法。這確實是很適合他的主題，因為他在退休前是市值上億美元公司的總裁，後來也協助許多人規劃事業生涯。他給那些希望增加收入者的建議之一就是，「持續學習，並且發展你的技能。」

ESI 自己也實踐此道。他存下大部分的薪水，並拿去投資被動指數型基金。接著，他開始投資房地產，並在 52 歲時退休。在退休生涯裡，他將自己的部落格發展為切實可行的事業，並買下另一個經營得非常成功的網站「搖滾巨星理財」（Rockstar Finance）。基本上他以三種投資法——指數型基金、個人事業與房地產，達到財務自由，這些我們會在本書繼續討論。

ESI 強調學習有很多種，好比說繼續進修，或是善用零碎的時間聽有聲書或是 podcast。而他也強調持續發展新的技能，確實能獲得金錢回報。此外，他也特別點出溝通、業務能力、談判，是相當重要的技能。就算你目前還沒有看見清晰的目標，只要專注地學習、成長、發展，就能擁有源源不絕的行動力。

迎向成功的關鍵選擇

許多走在傳統人生道路上的人，多半會為名流文化、實境秀與樂透所迷惑。那些人相信要有幸運女神降臨才能致富。他們無法想像另一條路存在，所以，也就放棄了嘗試的可能。

選擇財務自由的人手上也沒有水晶球能看見自己的未來，但我們還是出發了。財務自由社群裡不乏動人的成功故事。有些薪資普通的人，在十年內就達到財務自由；有些學校老師成為千萬富翁；有些人在 40 歲、30 歲，甚至 20 歲就退休了！但是這些奇蹟般的故事仰賴的並不是奇蹟。這些像是一夜致富的故事，都不是發生在一朝一夕，而是來自邊際效益的累積。

撰寫「逃脫藝術家」（The Escape Artist）部落格的巴尼（Barney）曾在「選擇財務自由」podcast 裡完美解釋累積邊際效益的概念。他講了個關於自行車教練的故事：當別人問教練他的團隊如何能拿到環法賽金牌時，他說訣竅是所有的選手都在旅行時帶上了自己的枕頭。這聽起來有點荒謬。對世界級選手而言，有沒有帶枕頭怎麼可能和金牌有關？的確，這一個小選擇當然不可能帶來成功。但仔細想想，任何選擇都不是孤立的，而是會互相影響。

　　沒有人可以因為睡對了枕頭，就拿金牌，但是當頂尖運動員獲得最好的裝備、最完善的營養補給並運用最創新的方式練習時，那金牌確實會到手。有些小小的優勢，例如比你的對手在賽前睡得更好，的確有可能成為勝負的關鍵。

　　我們做的每個決定（或是不做決定）都會帶來影響，但我們無法事先預料結果。儘管我們現在不能確定自己的決策是否正確，但是開始行動、選擇對的方向，確實能為往後的成功奠下美好的基石。

累積微小的成功是個強大的概念。選擇財務自由並非單一選擇，而是一連串的抉擇，最終能帶領你迎向成功。

人生最重要的投資

　　許多選擇主流路徑的人往往妄自菲薄，認為自己不可能賺到足以財務自由的財富。他們認為自己缺乏特殊的天分或技能。然而，很少人能擁有特殊的天分或技能。假如所有人都天賦異稟，那麼這些能力也就不特別了，應當會成為所有人都擁有的能力。

　　你能做的是「累積才能」（talent stack），這是史考特・亞當斯（Scott Adams）所提出的概念，他也是漫畫《呆伯特》（*Dilbert*）的作者，並著有《我的人生樣樣稀鬆照樣贏》（*How to Fail at Almost Anything and Still Win Big*）。大部分的人並沒有成為世界第一的能力。然而，只要有毅力與決心，幾乎所有人都能在特定事情上，成為前 10% 到 20% 的強人。之後，一旦你發展出新的強項，就可以將它們加到你獨特的才能組合中。

　　然而，累積才能並不需要先有個「偉大的計畫」，並完美地執行，而是抓住一連串的巧合與機會。累積才能與本書前面章節所談的原則有著大大關聯，好比擁有成長心態、決定當個終身學習者，以及持續獲得邊際效益等。

你最重要的投資就是自己。假如你持續地投資自己，那麼肯定能克服所有難關。

持續讓自己學習與接受教育；持續地投資在你的關係與友誼上；投資你的健康；讓自己成為最好的自己。

在通往財務自由的路上，會有很多事你無法控制。但是一路上你還是可以累積許多微小的成功。你可以發展成長心態、堅持終身學習、發展許許多多的技能、專長與興趣，並將它們以獨特且有趣的方式結合起來。

你會如何介紹自己呢？我相信自己是那種什麼都學得會的人。每當我開始研究新領域時，通常會有個問題浮現。2016 年時，我開始問自己，「要怎麼做 podcast 呢？」

你可以問自己不只一個問題。藉由不斷詢問，問出更好的問題。然後，累積問題的答案能讓你成為更成才的人。

然而，我是在接觸到《呆伯特》作者史考特·亞當斯所提的「累積才能」概念後，才釐清頭緒、讓上述觀點成型。所謂的累積才能，就是將許多種平凡的技巧結合直到你擁有最獨特的能力組合為止。當你擁有眾多不同且互補的能力時，你就可以提出和他人截然不同的做法。

2016 年時，我還是個藥劑師。但到了 2018 年年尾，我已經在主持 podcast，並且嫻熟個人財務、網站設計、行銷、寫程式、動態圖像設計、資訊分析等領域。

行動步驟

1. 每天花點時間閱讀或聆聽有意義的資訊至少三十分鐘，並且發展成長心態。
2. 列出十樣你希望擁有或培養的技能或專長。你如何將它們結合起來，並為他人帶來貢獻呢？

PART 2

SPEND LESS

花更少

財務安全感並不是建立在買一堆東西上，而是學習如何花較少的錢，讓自己有餘裕投資。唯有如此，你才會成功。

——戴夫·拉姆西
美國理財專家

CHAPTER

4

成為價值主義者

萊德與喬納森在每集「選擇財務自由」podcast
的最後都會問以下六個問題。

1. 除了你的部落格以外，哪個部落格是你的最愛？

2. 你最愛的部落格文章是哪一篇？

3. 你最愛的解決生活麻煩、提升生活效率的技巧（life
hack）是什麼？

4. 你犯過最大的理財錯誤是什麼？

5. 你會給年輕的自己什麼建議？

6. 你最近買了什麼讓生活更有意義？

　　我分析所有人的回應，並找出共同趨勢。其實只有一個。關於問題二，幾乎所有的受訪者都提到錢鬍子先生在 2012 年 1 月所刊登的〈提早退休背後的數學到底有多簡單？〉（The Shockingly Simple Math Behind Early Retirement），大家都說這篇文章改變了他們的人生。這篇文章讓原本一直以主流方式過活的人，改變了觀點。

　　錢鬍子先生用存款除以收入，檢視了儲蓄率（savings rate）的影響。我們可以把它寫成數學公式：

$$\textbf{儲蓄率＝存款／收入}$$

　　看起來少花一塊錢和多賺一塊錢意思一樣對嗎？你少花的錢或是多賺的錢，都會變成存款的一部分。但是以數學觀點來看，少花錢會加速你達成財務自由的夢想，因為你沒有花掉的錢都會變成存款。而建立一種更簡約的生活方式代表你不用為了奢華的生活風格花更多錢，因此可以更快達到財務自由。

　　當人們了解背後的數學原理後，他們可以想像財務自由後的生活方式，並與現在的生活進行對比。許多人過的生活都像馬不停蹄的追逐賽：

由於他們的存款很少，以至於不可能突破現狀，只能陷入「工作、賺錢、付錢」的循環。

對財務自由社群而言，他們認定的財務自由為：你擁有的投資性資產已達到年消費的二十五倍。（我們將在第十二章談論此觀點背後的 4% 法則。）因此，你每年花的每 1,000 美元背後都必須有足以對應的 2 萬 5,000 美元投資組合。相對地，當你的年消費減少 1,000 美元，也代表達成財務自由的所需財富減少了 2 萬 5,000 美元。

不過，每個人的財務自由數字都不同。如果一個人擁有百萬美元，並可以每年只消費 3 萬美元就過得很好，那麼他絕對不需要擔心會把錢花光。但如果一個人擁有百萬美元，卻「需要」每年花費 15 萬美元，維持自己想要的生活風格，那麼他絕對會在十年甚至更短的時間內，耗盡家產。

　　錢鬍子先生用非常保守的觀點解釋，為什麼用儲蓄率就可以計算出你達到財務自由的所需時間。下圖我們運用〈提早退休背後的數學到底有多簡單？〉文章製作出了圖表，解釋如何用你的儲蓄率算出達到財務自由的所需年限。

儲蓄率（％）	達到財務自由的年數
5	66
10	51
15	43
20	37
25	32
30	28
35	25
40	22
45	19
50	17
55	14.5
60	12.5
65	10.5
70	8.5
75	7
80	5.5
85	4
90	＜3
95	＜2

　　請注意大部分的主流理財顧問都會建議你存下收入的 10% 至 20%。然而，按照他們的建議，你得工作四十年至五十年才能達到自由。因此，如果你從 22 歲開始工作，你約莫會在 62 歲或 72 歲時退休，這也是大部分人所認定的退休年紀。但事實上，很多人**每年都沒有**存下那麼多錢，因此**他們永遠都不會**達到財務自由。

　　如同〈提早退休背後的數學到底有多簡單？〉所解釋的，要盡快達到財務自由，最簡單的方法是拉高你的儲蓄率。當你的儲蓄率越高的時候，就會越快達到財務自由。另一方面，聰明地投資也能增加我們的收入，甚至光是運用投資所得就足以過活。

　　因此有三種最簡單的方法能讓我們盡快達到財務自由：

1. 我們可以花更少。
2. 我們可以賺更多。
3. 我們可以投資得更好。

　　這三個方法都很重要。你必須了解自己的強項與弱點，才能了解如何達到上述三項要求，並獲得自己想要的人生。總之，我們得開始練習。

　　然而，要增加收入或增加投資報酬，都得花時間。因

此，我們可以從花更少錢開始。你可以盡力改善自己的消費習慣。當你花得更少時，也會在繳稅時得到回報，進而提高儲蓄率。我們將在第六章更仔細地說明。最後，達到部分的財務自由可以為你創造時間與資本，並帶來自信，以便追求不一樣的事業生涯或投資選擇（而這對主流路徑而言，往往太過風險）。當你採取行動時，能讓你獲得新的自信，並可以虎虎生風（這是比喻啦）。

事實上，美國人平均只存下 5% 的收入。然而，尋求財務自由的人多半擁有 30% 至 50% 的儲蓄率，而有些人甚至可以達到 80%。

不管你賺多少，為了實踐財務自由，你都得存一部分的錢來製造複利。但怎麼做就各憑本事了。要達到財務自由需要一點勤儉的本事，但也不需要太過頭。讓我們來看看財務自由社群的人怎麼說吧。

「微 FIRE」vs「豐 FIRE」的儲蓄心法

錢鬍子先生在財務自由社群裡廣受歡迎。他的部落格文章認為，要提早退休所需的家庭預算約為每年 2 萬 5,000 美元。2011 年當我剛接觸財務自由概念時，「極速退休」部落格非常流行，而其格主雅各布・隆德・菲斯克很早就靠著

每年只花不到 1 萬美元而宣告退休。

　　通常當我和完全不了解財務自由概念的人分享這類例子時，會得到兩種極端的反應。有些人認為要透過勤儉持家才能重獲自由，而另外一些人則認為要達到財務自由必須付出極大的代價，因此決定這不是他們的路。

　　有些人會被激勵到，並且立刻展開行動。「財經 180」的喬爾與他的太太雅莉絲就是。在他們聽聞財務自由概念不到一年後，這對工程師夫妻已經存下 80% 的收入。重點是，他們都沒有天文數字般的收入。另一個很好的例子則是一對名叫佩琦（Paige）與山姆（Sam）的夫妻檔。兩人都是「選擇財務自由」podcast 的聽眾，並上節目分享自身的儲蓄心法。而他們住的可是生活成本數一數二高的洛杉磯呢。佩琦與山姆的工作都與藝術相關，兩人年收入總和近 10 萬美元。還有那些擁有平凡踏實工作的老師、軍人、藍領勞工，在實踐財務自由的概念後，都成為了下一個「真正的有錢人」。

　　另一方面，有些人則對財務自由概念嗤之以鼻，認為這代表勤儉生活、甚至得過著吃土般的生活。經營「金融導師」網站的陶德・特拉斯德將傳統財務自由法稱為「微FIRE」（Lean FIRE），指透過降低支出來加速擺脫工作的速度，重獲自由。他發現，雖然從數學的觀點來看這相當可

行，但不是每個人都辦得到。根據特拉斯德的說法，很多人會因為犧牲過大，而放棄財務自由的夢想。

相反地，他推廣「豐 FIRE」（Fat FIRE），讓那些不想犧牲生活的各個層面，或因為吃緊的消費預算而放棄的人，也有選擇。他認為我們可以著重在「賺更多」，比方說提高職場身價、運用槓桿投資、購買比傳統股票或債券報酬率更高的投資標的，或透過自己真正熱衷的事情獲利，來達到財務自由。這些做法也符合原本的數學觀點，只是挪移了我們的達成路徑。

不管你喜歡「微 FIRE」或「豐 FIRE」，都必須學會讓收入多於支出。你必須了解到，抱持著「自己過得很痛苦」的心態並無助於實踐財務自由。好比雖然短期的節食計畫可以收效頗多，但是很少人能夠長期付諸實踐。你可以學習在花更少、賺更多與投資得更好這三件事之間，取得適當平衡。人生就是選擇，而你無須過得心驚膽顫。話雖如此，但如果你希望人生有所改變，那就得採取行動。

好好談錢的溝通學

你或許對財務自由已經有點概念了，但是你的伴侶或配偶可能還懵懵懂懂。這很常見。「慢慢享受咖啡」部落格的

傑就有分享過類似故事。那麼這對夫妻是如何一起努力達到財務自由呢？

雖然傑現在已是財務自由社群的大咖人物，但是一開始可是他的太太試圖要說服他接受這新概念。太太傳給他錢鬍子先生的網站，並且認為兩人可以追求不同的生活方式。他一開始的反應是「不可能啦」。日後他說，當時他曾幻想自己會變成麥特‧佛利（Matt Foley），那個出現在美國綜藝節目《週六夜現場》的著名橋段「河旁箱型車」裡，由克里斯‧法萊（Chris Farley）飾演的角色。[1]雖然傑不熱愛自己的工作，但也沒有受不了到想辭職的地步，更不用說去過那種他認為是物質極度貧乏的生活。他花了三、四年才邁向財務自由之路。而終於改變他的原因是，他的太太給他看了一張又一張的家庭支出明細表。她不斷地解釋整個家到底花了多少錢，錢又都到哪去了。最後他終於理解到如果除去了高所得稅、通勤費與托兒所帳單後，可以存下多少錢。

我太太和我也有類似經驗。她成長於經濟狀況比較不穩定的家庭。我們一開始工作後，很快就擺脫了債務，爾後，兩人的生活可說是相當富足。除了生活過得很盡興外，我們

---

[1]【編注】麥特‧佛利身為一名勵志型演說家，但他卻脾氣暴躁、講話粗魯，且行為笨拙。麥特‧佛利最經典的台詞是，他警告觀眾可能像他一樣：「以政府提供的救濟乳酪維生，三度離婚，然後住在河邊的箱型車裡。」

每月也存下不少積蓄。當我向她介紹我從錢鬍子先生與「極速退休」部落格學來的財務自由概念時，她以為又要過上童年那種很貧困的生活。但是我向她解釋，事實上我們所熱愛的活動好比滑雪、爬山、攀岩，都不太需要花錢，如果我們不需要工作，就可以花更多時間投入戶外活動，至此，她也燃起了熱情。當我們的女兒出生後，我的太太就時常思考要怎麼樣才能擁有兩人的自由時間，因此，她也願意一同將財務自由當作生活目標。

很多伴侶都會有類似的對話。但若只是丟幾個部落格文章或是「奇特」的生活風格文給伴侶，是不會奏效的。通常，對方只會覺得你瘋了，因為那聽起來似乎相當極端。但是你可以將財務自由定位為實際的生活目標，你們可以一起提高收入，同時將兩人真正珍視的事物當作生活的重心。這樣展開對話，可能會比較輕鬆。

金錢心理學

經營「儉木」部落格的伊莉莎白是「選擇財務自由」podcast 的首集來賓。她認為勤儉是項挑戰，它考驗著你把真正重要的事放在第一位，並學習讓其他事情順其自然。她說，「當你懂得享受與滿足於簡單事物的魔法後，你就會擁

有成功的人生。」

　　雖然要學會快樂與滿足不是件容易的事，但是請記得，這才是人生真正的目的。你得記住自己的「為什麼」。

　　再來，伊莉莎白強調了解自己現金流的重要性。她分享了一個很尋常的經驗。當她開始工作後，她和先生都不太能掌控現金流。她的建議是，「掌握你的支出流向」。她建議聽眾必須清楚了解錢花去哪了，並花點時間分析自己的消費習慣。雖然知道自己重視什麼確實很重要，但是如果不付諸行動的話，一切都是空口白話。假如你想要過真正有意義的生活，就得正確運用最重要的工具，也就是錢，並且確保你的支出與價值觀相符。而如果你根本無法掌握自己的現金流，實在很難去創造有意義的人生。

　　雖然伊莉莎白強調簡約生活，但是我比較傾向豐FIRE。儘管我和伊莉莎白對簡約生活的觀點大不相同，不過我們都認同得先找到讓自己感到滿足的原因，並把錢花在自己真正重視的事物上。不管你同不同意簡約生活，少即是多。請問問自己，你花的錢能為你帶來更好的生活品質嗎？還是只是買個多餘物件？

　　讓我們來檢視一下另一個關於金錢的老生常談，「錢買不到幸福」。這大家都有聽過吧，我們甚至也這麼相信。但這是真的嗎？

在第二章裡我們介紹過名為傑夫的醫師，他經營「快樂哲學家」部落格。他就時常思考幸福與金錢之間的關係。他認為錢買得到幸福。然而，幸福和金錢並不成等比關係，兩者間的關係與大部分人想的不同。

傑夫介紹了一個財富的邊際效益概念，指的是你花的第一筆錢可以為你帶來最多的幸福感。而隨著你花的錢越來越多，你累積的幸福感卻沒有相對增加。我們可以用一個例子來解釋這說法。

用很簡單的餐刀來做例子吧。假設你可以花 1 美元買最基本的餐刀。當然，你也可以花上 50 美元買把雕工精細的純銀餐刀。很明顯地，買把餐刀讓自己不要徒手抓食物吃，是很好的選擇。但是一把要價五十倍的餐刀，有辦法帶給你五十倍的幸福感或功能感嗎？對大部分的人來說，答案為否。我們可以用這樣的邏輯，判斷所有的消費選擇。

想一下普通美國家庭的消費好了。醫生、律師與經理人通常擁有最高的社經地位。這些人往往有很類似的生活風格。但如果你看一下社經地位次高的階級，那些人往往也有與最高社經地位者類似的消費水準。儘管社會沒有明確的系統告訴我們該如何生活，但是我們往往從相同社會階級，或較好社會階級的人身上得到訊號。通常社區環境相仿的人都擁有差不多規格的房子。他們開著類似的車款，穿著近似的

很多人一直想讓自己活得體面，卻犧牲了更多的財富。比方說，借了龐大的貸款買了很大的房子，結果得花更多錢裝修與買家具；買了車卻大部分時間都用不上；地下室、車庫或租來的儲藏櫃裡放著自己完全沒時間用的東西，因為我們忙著工作以支付帳單。有多少人根本無暇捫心自問，為什麼我們得不斷地奔跑？我喜歡隱形的富有階級概念。我們不用穿得很體面。相反地，我們存下 30% 到 50% 的收入，並且樂此不疲。

喬納森

衣服，度假的方式也相似。

假如一個人擁有他人十倍的收入，他會需要十倍的支出才能感到相同的快樂嗎？當然不需要。通常來講，大部分人的支出與收入有著對應關係。當收入越高時，往往花費也會

相形提升。這就是大家熟知的「享樂跑步機」（hedonic treadmill）概念。但是你得思考財富的邊際效益，並且質疑如此的強迫性行為，以擺脫無意義耗損財富的循環。

了解財富的邊際效益後，你就能決定自己能適應的簡約生活程度。你不需要削足適履，活成他人的樣子。你得思考怎樣的花費可以為自己帶來真正幸福。如果如此消費不能帶來滿足，那你就該將錢拿去投資在可以帶來幸福的事物上。

財務自由社群裡有著各式各樣的人，有些人崇尚極致的簡樸，也有人偏向「豐 FIRE」，並且毫不介意多花點錢享受更精緻的生活。財務自由的美好在於你擁有絕對的自由決定自己的價值觀，並勾勒出符合自己價值觀的執行計畫。我們很多人都排斥傳統的標籤——勤儉、極簡主義者或退休人士。你或許比其他人更愛花錢。你可能喜歡蒐集對別人來說毫無用處的物件。你也許希望為真正有意義的事物工作。這都是個人選擇。

我們真正的共同點在於，我們對自己想要的事物非常明晰，並且部署好生活、財務與工作，以便達到我們真正的目標。當我們經營 podcast 時，發現了一個可以用來形容財務自由社群人們的字眼，那就是：價值主義者。所謂的價值主義者，指的是我們以符合自己價值觀的方式運用金錢與時間。

你不需要接受其他人對成功或失敗的定義，但是為了要達到財務自由，你必須找到自己認為有價值的事物，接著開始以符合此價值觀的方式運用時間與金錢。

那些無法了解價值主義者概念的人，或許會覺得選擇財務自由的人很奇怪。喬納森第一次聽到布萊德在另一個 podcast 節目談論財務自由時，當時喬納森約 30 歲。那時布萊德還講了如何善用信用卡旅遊回饋，帶孩子、太太以及祖父母去迪士尼樂園玩。當喬納森第一次與布萊德碰面時，他頗為吃驚，因為布萊德老是穿著拖鞋、短褲、個人投資理財自媒體論壇（FinCon）所送的免費 T 恤。而那是由於布萊德喜歡和家人一起旅行，因此他把錢和時間都花在這檔事上。他不在乎穿得體面，所以不會花錢在衣著上。他正是個價值主義者。

我在上班時也有類似經驗。我的同事老愛嘲笑我的老爺車，那是台 2003 年製造的雪佛蘭馬里布，有著布套座椅。當我的爺爺不再開車時，我就接手了這台車。而我在邁向財務自由的過程中，開了近十多年的雪佛蘭。在那段時間裡，我把錢花在出國旅行、參與戶外冒險體驗以及其他活動，好比參加運動賽事與音樂祭。因此我的時間與錢都花在旅行、

冒險以及其他體驗上，還因為開著舊車而省下不少費用。我是個價值主義者。

還有些更極端（但可能有點噁心）的例子。不管是「1500 天通往自由」的卡爾或是「千禧年大亨」（Millennial Money Man）的巴比‧霍特（Bobby Hoyt）都有類似案例。在「選擇財務自由」podcast 裡，霍特說自己熱愛開船，而卡爾則熱愛旅行。兩人都公開地「炫耀」自己的太太得逼他們丟掉有洞的內褲和襪子。他們不是買不起新的內褲，也不是多小氣的人，只是因為購物不是他們最想做的事，所以他們懶得去做。我不得不說我太太也和我講過同樣的事。

當你理解後會發現，要當個價值主義者實在很容易。你可以擁有很簡單的東西就感到快樂。不過，你要掌控自己的預算和現金流，這樣你才知道錢都去哪了。你必須把錢花在對的事物上。

布萊德

我和太太都透過開老爺車省錢，以加速達到財務自由。我太太蘿拉開 2003 年出廠的豐田高地休旅車，而我則開 2003 年出廠的本田。兩台車都跑超過 16 萬公里了，但還是很順、看起來也不賴。最棒的是，我們應該十年沒花錢在車子上頭了。

我們每個月把原本可能需要花在車貸或新車上的 700 美元拿來買股市裡便宜的指數型基金。我們算過，原本該用在車貸上的錢，至今已經透過投資增長到了 10 萬美元以上。

如果以整個人生來看，開老車可能為我們帶來超過 100 萬美元的報酬，甚至是數百萬！而開台美妙的老車根本不痛苦啊。想想這樣的選擇可以為我們帶來什麼吧。

行動步驟

1. 如果你從來沒試過，那麼請發展出一套方法，計算自己的預算與支出吧。

2. 每個月都要坐下來，好好檢視自己把錢花到哪去了。接著算一下有多少錢是花在對你真的有價值的事物上，而又有多少錢花在完全沒提升生活品質的事物上，並且阻礙你追求財務自由。

3. 大夥兒們：如果你的內褲和襪子也有洞洞，去買件新的吧，不要讓另一半生氣。追求財務自由不需要讓自己看起來很噁心。我們可以做到的！

80% 的結果來自 20% 的原因。
重要的事其實不多，而大多數的
事根本不重要。

——理查‧寇奇（Richard Koch）

英國企管顧問

CHAPTER

5

減法理財哲學

帕雷托法則（Pareto Principle），即所謂的 80/20 法則，認為約僅有 20% 的變因操縱著 80% 的局面。而其他 80% 的因素只會影響 20% 的結果。如果你想要達成財務自由，那麼儲蓄率才是讓你成功機率倍增的關鍵。你可以運用 80/20 法則降低花費，並且增加儲蓄率。有幾項因素遠比其他事情加總起來都更為重要，這不是什麼複雜的科學。你得開始追蹤自己的錢都花去哪了，接著想辦法在能力範圍內花少少的錢在自己珍視的事物上。

　　我們所能控制且大大影響儲蓄率的三大因素為：居住、交通與飲食。有些方法可以讓你找到最合適的消費方式，並且比想像的更快達到財務自由。

快速累積財富的住宅新思維

一般認為不動產是很好的投資。根據美國人口普查局的數據，房屋淨值占美國人平均淨資產的 75%。但是選擇財務自由的人多半不是傳統派。

克莉絲蒂（Kristy）與布魯斯（Bruce）撰寫「千禧革命」（Millennial Revolution）部落格。他們深信房子不是投資選項。兩人被稱為加拿大最年輕的退休者，而他們認為能達成此成就的最大原因在於拒絕「買房的虛假信念」。克莉絲蒂與布魯斯在多倫多工作，他們認為要在當地買房壓力太大，而且多倫多的房市根本是個泡沫。然而，房價不斷攀升，朋友也都買房了，兩人也感受到家人給的壓力，這讓他們產生了「錯失恐懼症」（fear of missing out，FOMO）。

在強大壓力之下，他們重新檢視擁有房產的數學問題。許多人用房貸計算器檢視房貸，並且接受了結果。但是，兩人繼續計算擁有房產的成本，這些是銀行與不動產專員不會告訴你的事實，畢竟他們期望可以賣屋或是發放貸款。克莉絲蒂與布魯斯計算了買屋的成本，以及未來賣屋的收益。他們也檢視了修繕費、稅、保險以及其他財務支出。

布魯斯分享了工程師客觀決策的方法，「我用數字來檢視，但是以數學來說，這根本就沒有道理。」兩人將情緒因

素排除在決策之外，並且了解到如果不買房，而是租屋，他們可以擁有更多的自由並減少成本。

　　當然每個人選擇買房或租屋的原因大不相同。但是對兩人而言，真正重要的是數字。買房可以說是人一生中最重要的財務決定。而擁有房產或許是很重要的生涯決定，但通常不會是好的投資選項，除非你和許多財務自由社群的人一樣，真的把房產當投資。

　　假如買房確實是大多數人可以控制的最大筆開銷，那麼減少其成本自然相當重要。那如果你根本不打算花錢買房呢？你可以更進一步嗎？比方說，將此開銷變成收入？歡迎你想想「當房東收租金」（house hacking）這選項。

　　經營「金融導師」網站的陶德・特拉斯德研究與實踐財務自由數十年。我們問他，「你會給開始進行財務自由計畫的人什麼建議呢？」他這麼回答，「如果時光倒流，我會想辦法拜託別人、借錢，設法弄到頭期款買一個四戶型房（fourplex）。接著我會住在其中一戶，了解怎麼當個房東，學學如何搞定房客，並把其他房源租出去……當我確定我可以把四個房源都出租時，我就會搬走，再買一間公寓。假如你透過這方法買下三間房產，那你就財務自由了。**你做到了。**這是 20 歲的人都能達到財務自由的最簡單方法。」

　　查德・卡森老教頭（Chad "Coach" Carson）就是這建議

的最好實例。他在 40 歲前達到財務自由。他先投資了一棟
四戶型房，並住在其中一戶。他說，「你可以用其他三戶的
租金，付完房貸……這就是當房東收租金。你出租自己的房
產產生收入，而不是讓錢流到他人手上。」卡森還強調，
「我建議你先暫且不計房屋成本，而是計算其未來的價值，
你可以看看十年或二十年後，會帶來多少收益。如果你之前
對此興趣缺缺，我相信這樣會讓你重新思考一下。」

　　當房東收租金是快速達到財務自由的最強大手段，特別
是對那些收入不高或是擁有學貸、很難有存款的人來說。假

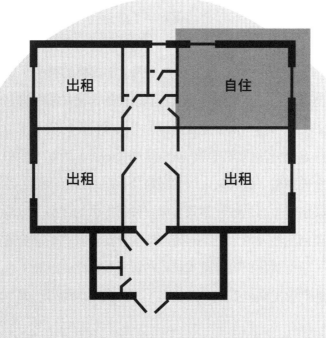

如你操作順利，那麼你就削減掉了對所有人來說最昂貴的一筆開銷，並可以獲得一小筆收入，這才算投資。你可以透過花更少、賺更多與投資得更好，建造自己的財富。而當房東收租金可以同時拉動這三項槓桿。

假如你不願意與他人共享空間的話，還有別的選項。你有空間做 Airbnb 出租嗎？你可以把車庫、地下室、閣樓租出去嗎？你可以出租用不到的車位嗎？假如你懂得把房屋這項支出縮減到最小，你就可以提早達到財務自由，這端看你的想像了。

有些人即便看過數字以後，還是對當房東收租金興趣缺缺。不過，財務自由社群裡還分享了許多如何大幅降低房屋成本的建議。

有位經營「FIRE 醫師火力全開」部落格的醫生，選擇和其他醫生不一樣的路。他收入滿優渥的，但是卻在實習時積欠了一筆債務。他不想讓買房加重已然沉重的貸款本息，因此決定擔任移動醫師（traveling physician）兩年。他和太太在全美國搬了數次家，以便服務於不同的醫療單位。他沒有花錢租屋，而是住在不同醫療單位所提供的住宿，以減省房屋開銷。他說道，「不同醫療機構會提供我們短期公寓或旅館，而這讓我把每筆原本該花在買屋或租屋的錢省下來。由於他們會提供我餐飲費及住宿，因此我不但能付清學生貸

款，還為將來存下一筆可觀的資產。」

我在第四章介紹的洛杉磯夫妻佩琦與山姆，雖然他們的收入低於平均水平，但也找到了很簡單的解決方法。佩琦分享道，「和室友一起住真的省很大」。這種省錢法對學生或年輕人來說很自然，但是成年以後要再擁有室友似乎就有點尷尬了。但是為什麼當個月光族、把錢都花在房子或公寓上，就可以被大家接受呢？大家認為「成年」就是該去買個房子或租個自己的空間。但是只要找個室友，就可以很簡單且快速地節省房屋與水電等相關花費。

或許除了當房東收租金以外，最簡單的選項就是租或買個尺寸合宜的房子。事實上，熱點圖（heat maps）上往往顯示大部分的現代住宅中，有大量未被使用的房間。而這些房間都會產生稅務、水電帳單、維修等成本，但只要選擇小尺寸的房子，就可以省掉這些成本。

節省可觀費用的買車規劃術

你也可以檢視自己的交通費，進而減省下大筆可觀的費用。有些極端的建議會叫你不要買車，到哪都用走的或騎腳踏車。這當然可以讓你盡快達成財務自由，還可以更健康，但是美國社會是依據汽車而非人的日常生活來規劃的。對大

部分人來說，包括我自己在內，都無法為了達到財務自由，而放棄擁有汽車。

在「選擇財務自由」podcast 第二十二集裡，布萊德與喬納森提到希望可以降低擁有汽車的成本。對喬納森來說，他對買車的態度是「就算我不能贏，也不要輸太多」。這對普通有車階級來說，是很合理的。但是我們還是可以想辦法省下更多。

我們來想想，普通人買車時會思考什麼。就像買房一樣，大多數的人會買自己負擔得起的最好車子。更精確地說，他們會以能貸到的金額，買下最好的車。根據《紐約時報》的研究顯示，僅有 10% 的人以現金購車。和房子一樣，車子會帶給你持續性開銷，好比燃料、保險與維修費。但如果你能聰明地買車，就可以減省下一大筆費用，甚至若能用現金買車就更不得了了。

對試圖達到財務自由的你而言，買車代表你購入每開一天就會持續貶值的資產。當你把車從車廠開出來的那一刻起，它就開始貶值了。根據 edmunds.com 網站，市值約 3 萬的車會在你跑第一里路時貶值 2,500 美元。在你擁有它的第一年，它已貶值至少 6,000 美元，或是其總值的 20%。

當你了解到買車對總體資產的傷害時，你就會想辦法讓自己少賠一點。別再想像車子代表身分地位了，它不過是個

交通工具罷了，它的功能就是讓你從 A 點移動到 B 點。而買二手車而非新車，可以避免龐大的折舊率。畢竟等車齡過了五年後，它的價值就不高了，屆時，它的市價將只有原價的 40%。但如果你買老車，不但可以少花錢，還可以減緩折舊率。不過你不需要買最便宜卻帶來生命危險的車，或是一台需要頻繁進場維修的車。這就是價值主義者看事情的方式：選擇一台能用最低成本、帶來最高價值的代步工具。

另一方面，就算你現在無法用現金買下一台車，但這樣做能為你省下可觀費用。日後，等你可以用現金買車時，你就不必為交通工具貸款。

許多透過貸款買車的人，還會一買再買，並讓買車成為成年生活裡無可避免的開銷。更糟的是，還有人會用同樣方式租賃車輛。很多人已經習慣擁有車貸或付租賃費。他們常常會想，「反正這錢已經付清了。該買台新車了。」而選擇財務自由的人，會試著破除「常規」迷思。

加速財務自由的飲食策略

另一個減少開銷並提早達成財務自由的方法，是控制飲食開銷。對比車子或房子來說，吃花不上那麼多錢。但是你不需要一天買車、買房三次，也不需要每個家人都有車、有

房。相反地，由於食物是一項持續性消費，小小的消費改變都可能帶來長期性的影響。

對財務自由社群裡的「超級簡樸」圈圈來說，這道理顯而易見。撰寫「儉木」部落格的伊莉莎白大力擁抱減省食物開銷的概念。她認為運用原型食材料理，不但好吃，而且也對身體更有益，因為你可以控制吃進身體裡的東西。佩琦與山姆也大力支持這樣的概念。山姆說，「出門吃飯對我來說真的很奇怪，假如我能在家料理的話，為什麼不呢？」佩琦也說，「對我來說，吃是為了生活，而不是享受。」

你可能會很意外，因為連財務自由社群裡最富有的一群人，也很喜歡討論控制伙食費。要記得那位經營「FIRE 醫師火力全開」網站的醫生早年就是吃醫院提供的伙食、移動行醫，將錢省下來，付完貸款。

「慢慢享受咖啡」的傑也是。他和太太都是為石油產業工作的地質學家，夫妻倆均有約六位數美元的收入。他發現，當兩人開始認真考慮財務自由計畫時，每年省下了約 2 萬 4,000 美元。他估計，「約有三到四成來自在外用餐。」

撰寫「自由就是潮」（Freedom is Groovy）的長島部落客也寫過類似文章。他說自己和太太以前從未仔細思考過錢是怎麼花的。有天他們開始計算開支流向，卻發現兩人每個月的伙食費達到約 800 美元。當他們認知到此一事實後，很

快就將金額減掉一半了。

布萊德和太太則把目標設定在用一人一餐 2 美元的預算，張羅四口之家。他們運用了數種方式好比限制外食、制定飲食計畫與採買策略，達到此目標。這不但讓他們用更少的錢吃得更好，還讓生活更有效率。

我和太太並不願意為了省錢而犧牲食物的品質。因為健康之故，我們寧可選擇有機料理，吃大量的牛奶、肉類、堅果、蛋、健康的脂肪，並少吃糖與減少卡路里攝取。我們也幾乎不吃加工食品。很多人或許會認為這是一筆不小的開銷（而他們猜想得沒錯）。因此，當我們選擇有機飲食後，花了幾個月觀察消費金額的變化。我們擬定好可以獲得最高品質、最低成本的購物策略，並開始買入橄欖油、椰子油、堅果，每隔幾個月則從批發店買進大包裝的罐裝食品像是花生醬、豆子等。我們從廉價超市買大部分的肉類與農產品。如果有東西在上面兩個地方買不到，我們才會去附近的小商店購買。我們運用這個方法，並且減少外出用餐，以此達到每人每餐 3 美元的目標。雖然和布萊德與蘿拉的 2 美元預算相比，還是沒那麼理想，但是我們每天都在家吃大餐等級的食物，這遠比在速食餐廳吃廉價套餐還令人滿意。

　　我太太蘿拉的食物計畫不但讓我們成功理財，還讓一家人更健康。蘿拉不但愛煮，還很喜歡實驗。她喜歡不斷地改良料理方式，好省錢、省時間與減少壓力。她喜歡買大分量的食材，以便不時之需。好比她喜歡買家庭號、大約兩公斤重的雞排。她會花兩小時醃雞排、炸雞排，再切成一餐分量後，放到冷凍庫裡。

　　類似的規劃讓她為接下來的幾個月省下不少時間與大筆的錢，也讓生活更輕鬆。她再也不需要十萬火急地衝到店裡，用兩倍的價錢買約 450 公克的雞肉！一點點計畫就能讓生活更有序。

　　每一週，蘿拉都會擬定新的飲食計畫。她每週會煮兩次豐盛的晚餐，而其分量可以讓我們吃兩個晚上、甚至更多天。這讓我們有了至少四頓晚餐。通常那兩頓盛大晚餐都有搭配得宜的食材，所以她可以省下不少時間和錢。

　　她的目標是不需要每天晚上被迫想到底要吃什麼。只要一點點計畫與決心，她就可以讓生活更輕鬆、花更少錢，而我們每天晚上都很期待自家的料理大餐！

布萊德

飲食是每個人的必要支出。而找到方法有效控制飲食開銷，不僅可以帶來可觀的儲蓄，還能讓你享有更好的生活方式，進而為你帶來長期效益。

拿鐵因子：改善財務的關鍵

在檢視完居住、交通與飲食後，我們可以再觀察其他項支出。撰寫暢銷書《自動千萬富翁》（*The Automatic Millionaire*）的大衛·巴哈（David Bach）大力推廣「拿鐵因子」（latte factor）。他用此解釋經常性支出。你不需要為了達到財務自由，就放棄喝拿鐵或是犧牲任何人生中你愛的東西。

畢竟，管理好大筆開銷才是有效控管開支的關鍵。然而，你必須了解那些小額的經常性支出，長期來講也會帶來負擔。最重要的是，如果那些小錢沒有被省下來並且進行投資，就不可能獲得複利。

追蹤開銷可以讓你知道錢都到哪去了，也讓你理解從哪方面下手，可以帶來最大的效益。首先，檢視那些不會為你的生活帶來價值的花費。這可以讓你更容易存下錢，而不用做出犧牲。透過一個微小動作，也就是找到可以刪減掉的經常性支出，能為你帶來長期的良好效益。

許多人都會發現減少以下三項經常性支出：保險、第四台與手機，可以大幅提升生活品質。選擇財務自由的人通常不會像其他選擇傳統路徑的人一樣，無視於此三種花費的負擔。現在就讓我們來看一看，為什麼選擇財務自由的人，可以透過減少此三種花費，擁有更好的生活品質。

保險決策四象限

對大部分的人來說，保險是主要開銷之一，也因此我們必須了解保險是什麼、保險的運作方式，以及為什麼需要買保險。

買保險意味著將財務風險轉嫁到保險公司上，以避免承擔風險。這滿有道理的。對大部分有經濟能力的人來說，得到癌症可能會使其陷入財務困境。因此，每個人都期望購買健康保險，以期將風險轉嫁給保險公司。

要做出好的保險決策的關鍵在於，理解保險公司也需要利潤。你不會想向一間未來將終止運作的公司買高額保險。當你買保險時，等同認定自己會賠錢，而保險公司可以獲得差額。這不代表保險公司很邪惡，而他們的產品很低劣。這只是保險業的數學罷了。

而這也代表唯有在你無法承擔風險時，才要買保險。你

願意「輸」給保險公司，因為那對你無傷，所以你將保費交給公司。相反地，「贏」到賭注代表你的保險理賠多於已繳保費，也就是有壞事降臨了，好比受傷、車禍、房子失火等，都會讓你申請保險理賠。

我們可以用以下四象限，決定是否購買保險。

發生率低、影響性高	發生率高、影響性高
發生率低、影響性低	發生率高、影響性低

左方的決策都相對簡單，畢竟這些事件的發生率極低。比方說，左下方象限的事件，即便發生了，也不會嚴重影響財務狀況，因此我們無須為這些情況買保險。至於左上方象限的事件雖然發生率極低，但是很可能會對財務造成巨大衝擊，好比失火。儘管左上方象限事件的發生率極低，保費也不高，但為其投保的價值卻非常大，因為該象限的不幸事件將帶來莫大影響。因此我們可以很容易決定是否買這類保險。

發生率高的事件就比較難決定了。因為發生機率頗高，因此購買此類保險似乎是很合理的決定，但也因為其發生率高，所以保費相對昂貴。

比方說，右上方象限內的事件都是重大問題，因為該類

型事件不但發生率高，也會大幅影響財務狀況。不管是醫療保險、傷殘保險或是長期照護保險都屬於此象限。這些商品價格也非常昂貴。

右下方象限的事件雖然很容易發生，但影響較小，好比電子設備險，或是汽車延長保固險等昂貴商品的保險。這些商品的保費都不高，但是如果你買了一堆產物保險，那麼加總起來也會相當昂貴。

假如你每個月的收入都拿去支付帳單，並且毫無財務緩衝空間，那麼任何的小意外都會成為負面事件。這真是進退兩難。最無法負擔保險的人，往往是最需要避免風險的人。假如你的瓦斯爐壞了點不著火，那就是緊急事件了。但如果你沒錢修家電，那最好加買保固。如果你仰賴手機做生意，

那手機也是必需品。但假如你把手機丟進洗衣機或是掉進馬桶裡，又沒有能力換手機的話，那這種意外就會帶來相當嚴重的後果。加購保險對被困在經濟困局的人來說好像滿必要的，但這也為生活帶來更多的壓力與開銷。

擁有財富不代表壞事就不會發生，只是你會更有餘裕處理這些意外。當壞事不存在時（畢竟它們通常也不會發生），你可以把錢存起來，而不是為所有的負面事件購買保險。這些存款可以用來打造或維繫更美好的生活上。

當你的存款越多，需要的保險就越少。首先，先檢視右下方象限的保險商品。為了存下更多錢，請減少購買延長保固。接著，觀察右上方象限的商品。雖然購買此類商品還滿明智的，畢竟此類意外所費不貲，但是只要你願意承擔較多的風險，就可以省下此筆開銷。你可以先購買自付額（deductible）較高的保單以減少保費。[1]

當你離財務自由越近的時候，投資組合占收入的比重將越高。當你越靠近財務自由的一天，購買保險的必要性就越低，這也讓你可以花更少的錢，過著更安心的生活。

大部分選擇常規生活的人，所擁有的存款與投資項目都

---

[1]【編注】在美國醫療保險中，有些保險計畫規定投保人必須先支付部分醫療費用，保險公司才會依照合約比例理賠此後產生的醫療費用。一般來說，自付額越高，每個月的醫療保險費就越低。

不多。那些保險專員聲稱他們的保險產品能有顯著的投資成果，好比終身壽險或是其他年金類產品。但很不幸的是，此類商品的成本都高得荒謬，且投資報酬率極低。因此，可以減省保費的最簡單做法就是將保險與投資分開。那種可以實踐財務自由原則並自行投資與儲蓄的人，多半可以從最簡單、便宜的保險商品受益，甚至購買定期壽險且餘額自行投資，而非選擇複雜的終生壽險。

對於選擇財務自由的人而言，更重要的可能是責任險。當你累積一定財富時，你可能成為好興訟的美國社會的標靶。很幸運的是，傘護式責任險（umbrella liability insurance）[2]的價格相對實惠。那是因為它對應的事件剛好座落在左上方象限內。傘狀保單可以擴展你的責任險承保範圍，假如你被告了，且汽車險、房屋險的理賠額度已達上限，那傘護式責任險可以補足缺口。

由於一般人很少用到傘護式責任險，這也是何以它的保費相對低廉，但承保金額從 100 萬美元起。畢竟當你被告上法庭時，可能會對財務狀況造成巨大衝擊。由此可見，購買傘護式責任保險並不是個困難的決定。

---

[2] 【編注】傘護式責任險是一種附加的責任險，用來理賠造成他人身體傷亡的意外、財產損失與法律訴訟費用等等。在台灣，也有保險公司推出概念相似的「超額責任險」，屬於附加險的一種，能補充強制險、第三人責任險的不足處。

醫療險實務指南

對追求財務自由的人來說，問題往往在於醫療保險。它徹底座落在右上方象限內。我們不時會需要使用醫療保險，而其價格相對高昂。

可惜的是，只要你住在美國，那麼不管你的經濟狀況如何，如何購買醫療保險肯定會是一大難題。

但是對選擇財務自由一途的人來說，他們比多數人有更多的選擇。

其中一個選項就是根據《平價醫療法案》（Affordable Care Act），獲得醫療保險折扣。花點時間研究《平價醫療法案》還滿不錯的。《平價醫療法案》為低收入戶家庭提供扶助支援。許多人視《平價醫療法案》為醫療系統的改革。但是事實上，這關乎稅法。該法案並沒有改善美國醫療系統，但它改變了人們付費購買醫療服務的方式。我們將會在第六章討論更多的稅法問題，基本上來講，《平價醫療法案》與收入有關。

許多選擇財務自由的人雖然擁有可觀的財富，卻不見得有很高的收入。他們可以透過補助購買相對廉宜的醫療保險，假如善加規劃收入，甚至可能可以免費取得。「好的根源」部落格的賈斯汀就曾在「選擇財務自由」podcast 說，

他在規劃提早退休時，就調整過收入結構，因此家中的五口都可以用相對廉宜的價格購買醫療保險。以稅法來看，《平價醫療法案》基本上對財務自由社群的人是相當友善的，特別是那種選擇傳統方式退休，但收入並不高的族群。

然而個人要在醫療保險交易所購買醫療保險，仍舊有些不便之處。此外，仰賴補助法案購買廉價的長期性保險的風險相當大，尤其美國的法律時常受到政治波動。這讓保險規劃充滿挑戰與變數。而對已達到財務自由的人來說，繼續賺取收入也會讓他們的保費過於高昂。

另一個提供給財務自由社群參考的選項是參加基督教醫療照護分享計畫（health care sharing ministries），以此取代醫療保險。基督教醫療照護分享計畫為宗教組織，根據基督教的傳統，他們願意扶助遭遇難關的夥伴。這個選項對於不願意退休，但是已取得財務自由的人而言，相當吸引人。畢竟，只要支付基本費用，好比保費，就可共享醫療服務。雖然基督教醫療照護分享計畫的價格比補助後的保費貴，但是其價格固定，對於已獲得財務自由但希冀持續賺取收入的人而言，仍舊是更好的選項。

然而，基督教醫療照護分享計畫也有缺點。首先，這不是真的保險，因此並不像傳統醫療保險一樣，受到法律保障。因此，基督教醫療照護分享計畫得以拒絕已罹患特定疾

病的人加入。其次，並不是所有人都適用於此服務。基督教醫療照護分享計畫可訂定個人理賠金額的上限，而傳統保險則否。儘管這讓基督教醫療照護分享計畫的保費相對廉宜，但是也讓人暴露於最糟情況的風險之中。

第三個選擇則是地理套利（geoarbitrage），我們會在第七章更詳細地解釋此概念。不少美國人因為必須在醫療保險交易所裡購買昂貴的醫療保險，因此得不停地工作。這是非常典型的美國問題。但是很多已開發國家都擁有跟美國一樣好，或更好的醫療體系，而且那些國家的醫療費用往往比美國低廉。因此，那些有彈性、有方法旅遊的人可以進行醫療旅行（medical tourism），也就是飛往其他國家進行非緊急性的醫學治療。對於美國人來說，他們可以得到比在國內更好的醫療照護，即便必須負擔旅行成本，並且自付醫療費用，都還是比醫療保險便宜。

當然，和其他選項一樣，醫療旅行也有很明顯的缺點。對於想接受牙醫治療或是髖關節手術的人來說，這是不錯的選擇。但是對於有重大疾病或緊急事故的人來說，就沒那麼美妙了。

這也是為什麼很多財務自由社群的人，視醫療保險為最大的阻礙。上述三種方法都有缺陷。雖然不完美，但是對此社群的人來說，或許是符合我們實際現況的選項。

預防為本的財務幸福學

在我們結束保險議題之前，最好先確定我們已經了解醫療照護（health care）與醫療保險的差異。很多人將兩字混用。但兩者是完全不同的東西。醫療保險，至少對美國而言，代表為疾病或傷殘狀況所付出的醫療費用。而醫療照護則是針對健康狀況與疾病或傷害所採取的全面性預防措施。

對於選擇追求財務自由並在傳統退休年紀前離開職場的人來說，尋找合適的醫療保險是相當重要的挑戰（如果醫療保險是選項的話）。然而，選擇財務自由所帶來的最大好處之一就是，你有能力加強醫療照護，並盡早開始渴望的生活方式。

我們常常會把醫療保險與醫療照護搞混。下方是三大健康照護類型：

1. **預防性**：健康的生活方式。
2. **維護性**：洗牙、髖關節手術等。

3.治療性：那些我們無法控制的壞事，好
比癌症、心臟病、骨折等。

通常健康保險較關心嚴重的疾病狀況，但
是追求財務自由的人往往擁有絕佳的適應力，
能維持良好的健康狀態或預防疾病發生。而這
是因為我們生活得更有餘裕。由於少了許多生
活的壓力源，我們有更多時間享受健康的生
活，包括有時間煮菜、運動或參加社區活動。

讓我以藥劑師的身分來談這個問題吧，藍
十字藍盾協會（Blue Cross Blue Shield）研究發
現，有十種狀況會造成近 58% 的疾病風險。其
中影響最深刻的因素往往與生活方式有關，好
比飲食不均、運動不足與壓力。更重要的是，
上述情況將導致糖尿病、高血壓、高膽固醇與
心血管疾病。許多人因為工作與事業犧牲了健
康，而這些選擇在三十至五十年之後，往往難
以修復。

我原本是位物理治療師，因此我向來懂得健康生活的重要性。我很有意識地保持活動量、飲食均衡、控制壓力，並且每日好眠。

選擇傳統工作或是還沒財務自由，都不是你不運動、吃一堆垃圾食物，或是頻繁熬夜的理由。當然，和你一樣，在我最忙的時候，我也常幹這樣的事。

當我可以重新掌握自己的生活時，我發現要過得健康變得更容易了。布萊德老愛說選擇財務自由就像是擁有了讓人生更簡單的超能力一樣。這就是最好的例子。當你睡得好、規律地運動、吃得健康營養，並且少了許多壓力，人生當然更簡單也更容易。這等於進入了一個良性循環。

但是，如果你仍處在傳統的生涯規劃道路，像在滾輪上跑動的老鼠一樣奔忙的話，那麼要如此過日子恐怕是難上加難。很多工作都相當靜態，職員每天得花八到十二小時在電腦桌前或是車上。當你的工作占據多數時間時，你怎麼有辦法規律運動、花時間採買並且料理健康的食物，以及每晚補充八小時的睡眠呢？再者，假如你有時間做這些事的話，那還有時間進行其他有意義的活動嗎？

選擇財務自由的好處是，你可以重獲人生的主導權，規劃合適的生活方式，並且讓有正面意義的事情回到生活之中，據此建立起正向的生活習慣。如果活得像滾輪上的老鼠

一樣，那就得花大把力氣跟上前進的速度。這根本難以逃脫。選擇財務自由則排除了阻礙，讓你成為自己想要的樣子，這也會讓你更有活力，越活越健康。

第四台與手機資費全攻略

假如你擺脫「理所當然」的第四台與手機服務的話，每個月可以省下滿可觀的費用。假設我們每月省下 100 美元的有線電視費用，以及 100 美元的手機資費，每個月將這 200 美元藏在床底下，過了三十年後，床底下會有 7 萬 2,000 美元。假如我們把這 200 美元拿來投資，並獲得合理的 8% 年報酬率，那將會得到 29 萬 8,071.89 美元！這真的很不可思議。畢竟，根據 2014 年的美國人口普查數據，按照傳統標準退休（65 歲至 69 歲）的美國家庭平均淨資產僅為 19 萬 4,226 美元。假如你扣掉房屋淨值，那麼平均 60 歲至 69 歲的人所擁有的淨資產僅有 4 萬 3,921 美元。

享樂適應（hedonic adaptation）代表當人習慣了重大事件或人生改變所帶來的正面或負面影響後，便會回歸到相對穩定的幸福狀態。事實上，擁有新奇、有趣的事物僅能帶給我們短暫的快樂。接著，就回復到平常的快樂程度。這讓我們又想要新的東西，但這些東西都只能帶給我們短暫的快樂

而已。對很多人來說，他們需要不停擁有新的事物以維持快樂，這種現象稱為「享樂跑步機」。我覺得很罪惡，我竟然就這樣花了好多年的錢在第四台上。太太每次付帳單時都很生氣，因為這些帳單往往這裡漲個 2 美元、那裡漲個 5 美元的。這幾乎每幾個月就會發生一次，她一直提議結束第四台合約。

但身為一個運動賽事愛好者，我無法接受這樣的提議。這樣要怎麼看球賽？如果辦公室同事在聊球賽或新聞，我要說什麼？每個人都有底線，這好像就是我的底線。我喜歡用遙控器在數百個體育節目、新聞台與娛樂頻道間選來選去。這就是正常生活啊。我覺得這很必須。

而當我開始認真執行財務自由計畫時，不免俗地研究了一下家庭開支。接著，我就會開始挑我太太的毛病。有天，她也忍不住刺激我，她說如果我真的想省錢，就把第四台切掉！我承認要取消第四台真的讓我感到很焦慮和害怕，畢竟那是我日常的一部分。打從我還是口袋裡只有幾塊錢的臭學生時，我就有第四台了。而我每天早上健身也要看體育台。每當我下班回到家以後，第一件事就是打開電視。我從來沒有錯過任何比賽。

最後，我們終於退掉第四台，並考慮換便宜的網路平台方案，好比 Netflix 或 Hulu。但是我們一直沒買！神奇的事

發生了。我們發現當生活少掉那些毒藥以後，似乎更美好了。當我早晨健身不再看運動比賽後，我改聽 podcast，還學到更多東西。當我下班後不再百無聊賴地盯著電視後，我和太太有了更多的話可說，也花更多時間照顧女兒。我們不再看電視看到睡著，反而願意為女兒讀點故事。接著，為了帶給她正面的影響，我們自己也在睡前讀書。現在，當我想看比賽時，我會去朋友家或親戚家，並花時間與他們相處，而不是窩在自家的沙發上。這讓看比賽變得更有趣，而且我還意外發現，真正重要的比賽其實沒有很多。

這種模式對財務自由社群來說很尋常。當布萊德與喬納森訪問「快樂哲學家」的傑夫時，他說因為工作的高壓，當醫生其實很消耗且一點都不幸福，這正是他想提早退休的初衷。由於他的收入很高，因此要提早退休並沒有很難。他只要把大部分的收入存起來就好了。但是他還是得花上五到十年的時間，才可能達到財務自由。因此，他決定要先找回幸福感再說。

他嘗試了不少東西，但是其中一個決定，讓他在財務自由前，就能感受到幸福。以前，他很愛看新聞，而且往往被一些災難性事件給吸引，他也看很多運動賽事，但這些都是他根本無法控制的事，因此他決定不看了。很快地，他發現生活少了很多壓力，這讓他在離開那高壓的工作、實踐財務

自由以前，感到比較幸福。

選擇財務自由代表走上和普通人不一樣的路。這代表我們必須問，那些對多數人來說很普通或理所當然的東西，是否真的有必要。

選擇財務自由的人往往會切掉第四台，或是選擇更便宜的服務。同樣地，很多這個社群裡的人會使用行動虛擬網路業者（mobile virtual network operator，MVNO），[3]並搭配相容的手機，選擇適合自己的服務，而非追趕最新的科技或是昂貴的方案。在美國，最主要的行動虛擬網路業者有克麗奇無線（Cricket Wireless，使用 AT&T 的網路），以及 Google 的 Fi（使用 T-Mobile 及美國行動通訊〔US Cellular〕的網路）。上述服務讓使用者可以比多數人花更少錢，就過得更快樂、更健康與更富有。

花更少過更好的富思維

許多人聽到要過得儉樸就興趣缺缺，認為這樣會犧牲很大。這種短線思考會讓你困在傳統的路上動彈不得。當你借

---

[3]【編注】行動虛擬網路業者指未擁有無線網路基礎設施，而是向既有業者租用設備與頻寬，以自有品牌轉售給消費者。比方說，新加坡商星圓通訊在台灣提供「無框行動 Circles.Life」電信服務，便是採 MVNO 經營模式，與中華電信合作。

助強大工具的威力並累積效益時，就會得到龐大的收穫。我
的故事正是個實例。

當我和太太畢業後，我們選擇和大多數人一樣的人生道
路。我們貸款買下第一棟房子，這棟位在郊區的房子僅需要
5％的自備款。為了避免支付私人抵押貸款保險，我們申請
了第二筆貸款。我的太太在匹茲堡市區上班。她會把車開到
附近停車場，而車子就這樣一整天放著。接著，她會持著月
票搭公車到市區。我的工作則得開車前往相反方向。她通勤
往返各需四十分鐘，而我得花上近五十分鐘。由於我們都很
年輕，也才開始踏入職場，因此工時都非常長。而兩人在工
作、通勤之餘，還要照顧三房大宅、院子與游泳池，所以也
沒力氣煮飯。我們幾乎一個禮拜有五到六天都在外用餐，兩
人也很常在外吃午餐。畢竟這比花時間自己做午餐來得簡單
許多。

我們發現自己得拼命工作，才養得起這個根本沒時間享
受的房子，而車子除了天天通勤與貶值以外，也沒有其他用
途。而且，餐廳的食物真的很不健康，但是我們又沒時間採
買與料理。

我們這種被制約的人生應該被寫入教科書裡，而許許多多的人，就這樣被困在老鼠滾輪裡一輩子。

在約莫一年後，我們把房子賣了，搬回老家附近，那裡的生活費便宜很多。我們在一間租來的小房子裡住了三年，還省下不少通勤時間。在那段期間，我存下所有的收入作為下一間房子的頭期款。我們把原本拿來通勤、修繕家裡的時間，拿來學習工作新知、提升工作能力，並花更多時間相處、玩樂。我們的收入增加了，我太太還和公司談到了可以在家工作的條件。我們開始用多出來的自由時間學習煮菜，這還帶來了第三個好處，當我們擁有共同興趣時，歧見就變少了，也不會那麼容易就被踩到底線。

由於存款頗豐，我們只花七年就買下這間房子。現在，我們不用花錢在不動產上了，加上我們沒有負債，因此也不用花錢在利息上。我們不用再賺那麼多錢，僅為了負擔自己的生活。這代表我們不需要壽險或殘障險。此外，由於我們的收入不多，因此稅也不高，這點我會在下個章節做更多的討論。我們的生活更豐富了，但是花費卻變得更少。

當你踏上通往財務自由的道路時，一開始可能不知道那些省錢妙方還會為生活帶來好處。我們說的也都只是冰山一角而已。本章中介紹的概念使你有能力支付各項開銷，並擁

有更高的儲蓄率。在下一章中，我們會介紹讓你同時享有美
好生活，並且加快實現財務自由的方法！

行動步驟

1. **計算你每月的房屋開銷。**包括房貸／房租、水電費、稅以及維修費用。你有辦法立刻減少支出嗎？你需要改變長期目標，以減少房屋開銷嗎？

2. **計算你每月的交通費用。**包括車貸、保險、油錢與修繕費用。計算你每天通勤與前往其他常去地方的時間。你要如何降低交通費用？你有可能搬到離工作與例行活動更近的地方，以同時降低居住與交通費用嗎？

3. **計算你每月的食物開銷。**你有辦法從今天起就減少食物開銷，並且提高飲食的品質嗎？你可以自己準備午餐嗎？你能去逛逛批發店或便宜的超市嗎？或是一次煮多人份的食物？請掃描文末的QR Code，瀏覽我們的網站，看看簡樸的食譜與其他點子。

4. **請在網路搜尋「拿鐵計算機」**（Latte Factor Calculator），算一下你的經常性開銷。接著，假設你把那筆錢拿去投資，並以平均年化報酬率 8% 進行計算，看看數字為何。警告：如果你從來沒這麼做，你要小心下巴會掉下來。算一下你的經常性開銷經過複利成長後，會有多少收益吧。

5. **檢查你的保單。**你的需求有被涵蓋到嗎？你能負擔較高自付額來降低保費嗎？當你的資產增加，你需要買更多責任險嗎？你的保單是最近買的嗎？如果不是，快做點功課吧。通常只要經過一番比較，就可以找到承保範圍相同，但保費更低的選擇。你也可以跟單一保險公司購買罐頭保單，以降低保費。

6. **檢查你的手機資費與第四台合約。**你花的錢值得嗎？你可以減少使用社群媒體與電視來節省開銷嗎？或是你可以都不用？這會讓你除了省錢外，還提高生活品質嗎？

抱怨繳稅的通常有兩種人：男人與女人。

——無名氏

CHAPTER 6

節稅致富心法

不管你相不相信，你一生中可省下不少納稅錢。在這章中，我會交給你很簡單的實踐方法，並且百分之百合法。

不少人對稅法感到卻步，因此他們也懶得學習。在我開始實踐財務自由以前，我也是這種人。

論及繳稅技巧，經營部落格「瘋狂拳擊手」的布蘭登（Brandon），是影響我最深的人。他用我前所未見的方法分析美國稅法，並推出了一個簡單、易懂的策略，每個人只要願意花幾個小時學習，就有可能融會貫通。

布蘭登發現了可以零風險省下大筆稅款的方法，而且完全不用理會其他個人理財專家的建議。那些普通的點子適合普通人，對於想追求財務自由的人來說，可是行不通的。

他的方法可以讓你在退休前少繳很多稅，並且幫助你加速達成財務自由。當你達到財務自由後，更可以進一步減輕你的稅務負擔，甚至徹底擺脫所得稅的壓力。這可以讓你降低開銷，甚至不用工作。你現在對繳稅計畫有一點興趣了嗎？

　　我愛財務自由概念的原因是它能挑戰你的既定成見，特別是稅的問題！我和太太都是有專業證照的會計師，因此我們還滿懂稅務的，但是我們從未想過用財務自由的觀點思考繳稅一事，更未發現這能為我們帶來無數的好處！

布萊德

　　在我們開始分享「瘋狂拳擊手」與其他財務自由社群的故事與策略以前，我們需要一些基礎知識。假如談稅讓你胃痛或是覺得這太難了，忍耐一下吧。我以前也是這樣。但是

繳稅這問題絕對值得你花點時間來學習。這沒有你想像的那麼難。我們可以從簡單的概念下手。

本段落適用於 2019 年的美國稅法。數字總會隨著時代更迭，但是原則堅若磐石。其他國家的讀者也會發現相似的結構與概念，但是你必須先了解一下貴國的稅法。你可以在進行任何計畫以前，諮詢會計師，或是檢視目前的稅法，以免本書所提的細節與現實有所出入。

首先，你得先了解美國是如何計算所得稅的。在美國，不是所有的收入都會課以相同的稅率。舉例來說，在 2019 年，沒有小孩的已婚夫妻的標準扣除額為 2 萬 4,400 美元，若超過此限額、合併申報 1 萬 9,400 美元僅須支付 10% 的所得稅，再申報 5 萬 9,550 美元則須繳 12% 的所得稅。當你賺越多，稅額就會漸進攀升至 22%、24%、32%、35%，而最富有的納稅者則須支付 37% 的所得稅。這就是所謂的邊際稅率（marginal tax rate）。你所賺的每一塊錢都會以邊際稅率扣稅。另一方面，平均稅率（average rate）為你的有效稅率（effective tax rate），有效稅率的計算方式為：應納稅額除以總收入。

讓我們用假設的例子來解釋吧。假設有對夫妻艾曼雅與葛瑞格總收入為 20 萬美元。他們沒有開有稅務優惠的投資帳戶，因此總共支付 3 萬 493 美元的聯邦所得稅。我們可以

透過圖表檢視這數字是怎麼來的。

收入（美元）	所得稅率	應納稅額（美元）
$24,400	0% （標準扣除額）	$0
$19,400	10%	$1,940
$59,550	12%	$7,146
$89,450	22%	$19,679
$7,200	24%	$1,728
$200,000 （總收入）	有效稅率＝ 15.2%	$30,493 （總額）

　　第二件必須了解的事是，為了達到財務自由所必須擁有的高儲蓄率，可以讓我們更有彈性地繳稅。這代表你可以在獲得收入當年，按一定百分比遞延稅款。請想像有一個人的邊際稅率為 22%，而他手上有 1 萬美元可以投資。如果他將 1 萬美元投入至 401(k) 退休帳戶中，等同自動減省了該年 2,200 美元的聯邦稅額。重點是，你要將那「自由的」2,200 美元拿去投資，這樣你的存款才會像雪球一般增值。

　　在本章中，我們用 401(k) 退休帳戶指稱那些有雇主額外提撥資金的退休帳戶，因為這是最普遍的選擇。你的雇主也可能提供 403(b) 退休福利計畫、員工退休帳戶（Simple IRA），或者是美國政府提供給聯邦雇員的節儉儲蓄計畫

（Thrift Savings Plan）。雖然各別計畫的提撥限額不同、技術細節也不同，但它們都適用於我們所提出的基本概念與架構。

現在我們再拿剛剛那對收入 20 萬美元的夫妻為例。假如他們運用上一章所學，提高儲蓄率，將年消費降到 4 萬美元，並自提最高金額至兩個 401(k) 退休帳戶（以 2019年為例，每人 1 萬 9,000 元），以及健康儲蓄帳戶（health savings account，以 2019 年為例，每家庭 7,000 元）。這代表他們可以避免被扣那筆會被課最重的稅，並把 4 萬 5,000 美元投資在應稅帳戶或羅斯帳戶（Roth account）。在扣掉

我們在「選擇財務自由」podcast 所提出的一個重要概念就是，「控制你能控制的」。而你的稅額也是其中一部分。因此，我們建議你提撥到 401(k) 退休帳戶或傳統個人退休帳戶（Tradtional IRA）的錢越多越好。因為這樣可以降低你目前的所得稅額。

布萊德

4 萬 5,000 美元後，應繳稅收入從 20 萬降到 15 萬 5,000
元。兩人的最高邊際稅率也從 24% 降到 22%。更重要的
是，兩人的有效稅率，也就是實際負擔的稅率從 15.2% 降
到 10.2%。這代表每年節省超過 1 萬美元稅款。讓我們再算
一次。

收入（美元）	所得稅	應納稅額（美元）
$45,000	0% （遞延課稅儲蓄）	$0
$24,400	0% （標準扣除額）	$0
$19,400	10%	$1,940
$59,550	12%	$7,146
$51,650	22%	$11,363
$200,000 （總收入）	有效稅率＝10.2%	$20,449 （總額）

　　假如你把賺來的每塊錢都花掉，就會失去延後課所得稅
的資格，也無法控制課稅稅率。提高儲蓄率可以讓你享有節
稅優勢。這讓你更有動機降低生活成本，並提高儲蓄率（請
見第四章）。降低你的花費能讓你擁有較大的節稅空間，省
下高額稅款，加速你抵達財務自由的一日。
　　延稅帳戶與健康儲蓄帳戶讓我們擁有減稅的大好機會。

你要好好利用它。除了上述的稅務優惠外，善用 401(k) 或其他工作相關的退休帳戶，還有許多好處。其中一個好處是，許多雇主都會按照你的付款比例來提撥相應金額。這是免費的資金，而且會增加至你的延稅投資項目，並且不影響你的提撥限額。如果有人要給你免費資金，絕對不要客氣！善用 401(k) 退休帳戶還有一個好處是在你還沒看到部分薪水時，就將它轉移到你的提撥款項中。這讓你學會付錢給自己，降低欲望，並且每月進行儲蓄與投資。加油吧！未來你一定會感激自己的。

我在付學生貸款時感到很沮喪，因為債務讓我無法用更好的方式節稅。我常讀到有人將有效聯邦稅率降到趨近於零，並且每年存下 3 萬至 5 萬美元。但由於我還在付貸款，所以根本做不到。然而，擺脫債務能讓你擁有自由與彈性，並讓你可以善用稅法，控制稅率。

喬納森

節稅的時間策略

大部分的人會說你**根本沒有**省下稅款，只是延後付款而已，未來總還是要付。然而，「瘋狂拳擊手」的布蘭登認為，這對追求財務自由的人來說，道理不盡相同，因為你會很早退休。他認為我們應盡可能地在還在工作時延後繳稅。接著，我們可利用漫長的時間，以最低稅率繳稅，屆時的應繳稅款有可能趨近於零。

如上一章所述，你必須對邊際稅率和有效稅率有基本的了解，才可能實踐此策略，這也是財務自由社群裡非常基本的知識。最終，你必須為延後課稅的存款繳稅。但是，原本可能會被課以最高 37% 的所得收入，最終以將近 0% 的稅率課稅，這為稅率套利帶來無限的機會！由於你已建立低消費的生活風格，因此能存下許多錢，而當個人或伴侶達到高儲蓄率時，可以在該年延後支付會被課以高額邊際稅率的稅款，並在日後以較低的有效稅率，繳納所得稅。

回到我們假設的那對情侶艾曼雅與葛瑞格，他們已將那筆 4 萬 5,000 美元從應稅收入中移除，該筆收入原稅率為 22% 至 24% 左右。這樣的處理讓他們在該年省下約 1 萬 44 美元。此外，他們還可投資節省下來的稅款，獲得數年甚至數十年的利潤，而不是傻傻地全都交給稅務人員。

假如他們將此筆 4 萬 5000 美元挪至沒有其他收入的退休生涯時使用，那麼應付稅款約為 2,084 美元，等於省下 7,960 美元稅款。這並不需要任何高明的技巧或是先進的知識。讓我們來看以下圖表。

收入（美元）	所得稅	應納稅額（美元）
$24,400	0% （標準扣除額）	$0
$19,400	10%	$1,940
$1,200	12%	$144
$45,000	有效稅率＝4.6%	$2,084 （總額）

高儲蓄率讓我們在收入進帳的該年省下大筆稅款，並加速達到財務自由的一日。這也讓我們獲得套利機會，讓稅額從獲得收入的那年，移至沒有賺取收入的時間點，大幅降低了稅率。

更有利的節稅管道

對選擇財務自由的人來說，時間策略只是節稅的其中一種方法。另一個原則則是理解美國國稅局並沒有將所有收入一視同仁，像薪資收入就會被課以最重稅額。你賺得越多，

稅額就越重。假使我們將薪資收入移轉至投資收入，那麼報稅時將更為有利。

現在讓我們專注於有價證券，好比股票與債券。我們偏好購買低成本的指數型基金與指數股票型基金（exchange-traded fund，ETF），最主要的原因在於其操作簡單，而且稅額低廉。（我們將在第十二章繼續討論被動的指數型投資）。當你了解這些概念後，我們會進一步討論其他投資選項，包括投資自己的事業（第十三章）或是投資不動產（第十四章）。此類投資選擇讓我們有更多的節稅可能，並減少財富耗損。

大部分的投資收入（好比合格股息〔qualified dividend〕①與長期資本利得）適用三種稅率：0%、15% 與 20%。對於應稅收入較低、適用 12% 以下邊際稅率的人而言，投資收入稅率為 0%。而債券利息與短期資本利得則併入個人所得稅，按個人的邊際稅率來計算。在理解稅法結構以後，我們將更有動力減少開銷，過更好的生活，因為這可以讓你的投資收入免扣稅，或是扣極少的稅。

至此，我們希望可以專注討論能獲得延稅好處的投資帳戶。比方說，延稅帳戶讓你不用在獲得收入的該年繳稅，並

---

① 【編注】在美國，合格股息指符合特定條件，即可享受更低稅率的股息收入。

讓投資項目在零稅額的狀況下增長，接著，當款項從帳戶移出時，再行課稅。對於追求財務自由的人來說，延稅型儲蓄非常吸引人，特別是當你預計動用款項時，自己將符合低邊際稅率的資格。

另一方面，羅斯帳戶也有好處。羅斯帳戶要求納稅人於獲得收入的該年先行繳稅。因此，運用羅斯帳戶投資的收益將永遠不會被課稅，而日後提領時，也不會有應稅款滋生。

在選擇了延稅的儲蓄選項（例如有雇主額外提撥資金的退休帳戶和健康儲蓄帳戶）之後，那些在特定年分節省了大量資金的人仍然有機會使用羅斯個人退休帳戶（Roth IRA）。而低收入者運用羅斯個人退休帳戶，而非延稅帳戶，將不用繳納所得稅或是僅需繳納低額的所得稅。另外，羅斯個人退休帳戶只接受稅後資金。當你在 59 歲或 59 歲半之後提領款項，將不用繳稅。而且，這些錢在帳戶裡增長，無論本金、股利、利息和資本利得都免稅。另一個好處是，當你在 59 歲半前提領款項，亦不會受罰。當在思考提款策略時，羅斯個人退休帳戶能讓你分散稅率風險，並有更大的彈性。

最佳稅務規劃策略

現在,你應該清楚相關概念了,讓我們再次強化你對它的印象。選擇財務自由的人有兩大節稅的方法:

1. 過著相對節儉的生活方式,讓收入多於支出,因而能夠使用可節稅的投資帳戶。
2. 藉由投資創造免稅或是低稅額的收入,讓自己擁有更多彈性與獲利空間。

那些被困在主流生活方式、入不敷出的人,沒辦法賺取額外利潤,也很難累積大規模財富。這限制了他們的節稅布局。然而,大部分的人都如此過活。很多人抱怨稅法,但是選擇財務自由的人願意花時間了解稅法,接著,選擇對自己最有利的納稅計畫。

假如你願意接受簡約的生活方式,那麼花點時間了解稅法,將為你帶來不少好處。事實上,最佳的稅務規劃策略,就是以 12% 的邊際稅率繳納所得稅。如果你生活上不再需要大筆支出,並且努力存錢邁向財務自由,就能擁有更多人生選擇。

運用最低邊際稅率繳納所得稅,能降低我們的有效稅

率，並且讓投資所得稅額趨於零。在不費力減少應稅收入的情況下，若以 2019 年的標準扣除額計算，一對沒有小孩的夫妻若要將邊際稅率維持在 12% 內，他們合併申報總額上限為 10 萬 3,350 美元（包含從延稅帳戶中取款報稅），如此一來他們大部分的投資收益將無須繳稅。

根據美國人口普查資料顯示，美國家庭平均年收入為 5 萬 9,039 美元。假如你能夠靠 10 萬美元過活，而且稅率極低，即便你的消費水準和多數人一樣，還是能擁有比多數人更好的生活。透過最大化地降低居住、汽車、飲食開銷與精簡保險支出，選擇財務自由的人擁有較低的生活成本，這讓他們能將錢運用在旅行、娛樂、慈善或是其他更有意義的事情上。

有些人可能還是希望自己不要過得縮衣節食。那麼你可以增加自己的應稅收入，每年消費 10 萬美元以上。另一方面，你節省下來並存在羅斯個人退休帳戶中的現金、投資成本（獲利前的金額），在提領時都免稅。這讓你可以將資金存放在不同管道，並減輕稅務負擔。而花費較少的人則可在達成財務自由後，藉由延稅收入再加上提領上述帳戶的資金，讓收入低於標準扣除額，並徹底減免所得稅。

在你達成財務自由以前，可以運用以上策略節稅。之後，當你選擇不再進行有償工作後，所得稅將趨近於零。這

讓你在毫無犧牲的狀況下，減輕大筆開支……除非，你真的很喜歡繳稅。

非傳統職涯的納稅攻略

目前為止我們所討論的概念都是根植於傳統的職涯規劃上，並且假定在退休後幾乎不會有任何收入。如此的討論方式讓稅務規劃概念更為簡明易懂。然而選擇財務自由意味著你可以擁有更彈性的生活方式。接下來讓我們繼續討論非傳統職涯與退休狀態下的稅務策略。

許多人追求財務自由的主要原因為工作占據了他們太多時間，並且讓他們感到筋疲力竭。雖然對於在職場的人來說，偶爾地忙碌狀態也是滿令人享受的。不過如果你能縮短工時呢？許多人認為，如果我們減少 25% 至 50% 的工作時間，收入將會大幅減少。但這不見得是真的。讓我們回到此章開頭所提出的例子，你賺的第一塊錢會被課很少的稅，但是你賺的最後一塊錢則會被課以重稅。這對高收入者來說，猶感切身之痛。經營「FIRE 醫師火力全開」部落格的醫生就決定減少 40% 的工作，並進入半退休狀態。如果他的工時超過於此，他的收入就有半數會被扣稅。如果你有減少工作的彈性，賺起錢來也會更有效率。或許，減少工時可以讓

工作少點壓力，也更讓人享受生活。

我們家就曾經歷這一切。女兒出生後，太太決定不再考慮正職工作。一開始我們還滿擔心這決定的，因為若我們想提早退休，不是應該延長工時嗎？不過經過一番計算後，我們發現將那些列屬最高邊際稅率的收入扣掉後，根本不會損失太多。藉由兼職與向公司談判到在家工作，太太發現當工作不受場域限制後，她更喜歡工作了，也不想退休。這也讓我更有信心提早離開職場，並擁有更多的安全感。

微退休也是個選項。我們在第二章中介紹過撰寫「金錢大賽局」部落格的諾亞與貝綺。貝綺是小兒科護士，並且發現自己在高壓的狀況下對工作已經毫無熱情。兩人才剛進入職場，因此不大可能辭掉有薪工作或退休。很幸運的是，兩人有足夠的積蓄開展「空檔年」（gap year）計畫，暫時離開工作一下。他們決定從該年一月實踐空檔年。因為繳稅為每年一次，如此一來，他們擁有一整年無須繳稅的空檔。兩人也利用這時間規劃稅務。他們考慮把錢轉入羅斯個人退休帳戶，對他們來說，這整年幾乎趨近零收入。

當你了解基礎稅務規劃的概念，並運用財務自由帶給你的彈性時，你就會有數不清的稅務規劃方式。而在稅務規劃上，最有趣的地方在於，你可以打造出理想的生活方式，獲得最大的滿足與快樂，同時還能節稅。

假如你從不知道財務自由的人竟然有如此豐富的稅務規劃策略，這些新概念可能讓你有如墜入五里霧中。但是，沒關係。請你多花點時間了解此章節，並且好好消化吸收一下。這會讓你掌握起步時的重要資訊。只要你理解到自己有能力控制稅務，並且只要簡單地將款項存入可節稅的退休帳戶或是健康儲蓄帳戶，就足以發展出適合自己的行動策略，並在未來節省下數千美元的稅款。

在第五章時，我們曾介紹帕雷托法則，也就是所謂的80/20 法則，並教你應用在提高儲蓄率上，而該法則也適用於稅務規劃。本書提供的策略能讓你透過 20% 的行動，獲得 80%的收益，成功降低所得稅。

許多財務自由社群的人早已規劃出基礎的稅務策略，這讓他們在還有工作收入時，能夠減緩稅務負擔，並在退休後免繳所得稅。這就是大師級的稅務規劃。如果你還沒聽懂，沒有關係。你可以在熟悉基礎概念後，隨時回頭複習進階知識。對於渴望知道更多的人，讓我們來練習一些更深入的概念與技巧。

進階節稅技巧

撰寫「加油！咖哩餅乾」部落格的格主傑洛米曾經寫過

一篇〈不要再繳稅了〉的文章。這聽起來很像網路詐騙廣告，但是對於那些選擇提早退休，並且僅有極少收入或是無收入的人來說，那篇文章提供了非常簡單且實際可行的方案。他解釋可以透過四個步驟，讓自己免繳所得稅。首先，少工作、多玩；再來，學習用很少的錢，過好生活；接著，他介紹了兩個需要深入理解的技術概念。

第一個就是將錢轉入羅斯個人退休帳戶。這個方法讓你可以從延稅退休帳戶提領現金，並在所得稅率較低的年分繳付所得稅，接著，將現金轉移至羅斯個人退休帳戶，並且永遠無須為這筆款項繳稅。

你在收入進帳的該年延後繳付所得稅，直到你把錢轉入羅斯個人退休帳戶前，都無須為此筆金額繳稅，無論金額有何增長。唯有在把錢轉入羅斯個人退休帳戶時，需要扣稅，而此時你已經退休了。由於當你把錢轉至羅斯個人退休帳戶時，收入極低，因此只要金額在標準扣繳額之下，你的稅率應當為零。此筆款項將存入羅斯個人退休帳戶，而這筆金額在你提領時不但不會被扣稅，而且存款利息所得也都免稅。提早退休的人可以透過階段性的步驟，有效率地把錢轉入羅斯個人退休帳戶中。最終，整筆錢都可以得到免稅優惠。

「加油！咖哩餅乾」還介紹了其他技巧，包括運用應稅帳戶中的資本損失或利得，減輕稅務責任。這些看似違反直

覺的技巧，其實完整地體現了先前提過的概念。

稅收損失收穫（tax loss harvesting）是財務自由社群常用的策略。當你有意透過認列應稅帳戶的投資損失來降低給定年分的應稅收入時，可使用此策略。當市場下跌時，你將應稅帳戶的投資賣出。這似乎違背了低買高賣的傳統觀點。但是你低賣的原因在於將立即買入相似的投資項目。如此，你不但保有投資，還能在市場回升時得到獲利，但是以帳面上來看，你已在給定年度認列損失。然而，你必須謹慎選擇買入的投資項目，不可以與你賣出的項目相同。但另一方面，假如你買入的是截然不同的投資項目，你有可能會增加風險，畢竟在市場回升時，你將無法得到反彈收益。然而，倘若你買進原始的投資項目，那就違反了國稅局的沖銷交易（wash sale）原則，此規定禁止投資人在短期內買賣相同的證券或資產交易。

稅收利得收穫（tax gain harvesting）雖然很不常見，但是這概念對已經財務自由，並且在給定年分收入很少或無收入的人很重要。其實做法很簡單。在此種狀況下，你每年都盡可能出售應稅的投資組合，在這些投資組合中，你有尚未實現的收益，但是為了確保你的邊際稅率不會超過 12%，你的已實現收益是有上限的。此時，投資利得的稅率為 0%。

　　一般認為，除非是要避免不必要的稅收，否則不應賣出投資項目。但是對成就財務自由的人來說，他們的狀況比較特別。運用稅收利得收穫，讓你為賣出的投資項目繳稅，但稅率以零計算。當你賣出此投資項目，並且產生應稅交易時，你可以立即買入一樣的投資項目。這麼做的好處是，由於你墊高了投資成本或購買價格較高，當你未來賣出該投資

　　運用高階繳稅策略，好比先將錢存進延稅帳戶中，可以讓你好幾年不用繳稅，之後當你提領款項、把錢轉入羅斯退休個人帳戶時，才需要課稅。想問，有任何財務自由社群以外的人聽過這種做法嗎？

　　另外，如果我還是個走傳統人生道路的會計師的話，恐怕也不會聽過稅收利得收穫吧，畢竟這太違反直覺了。誰會想要創造應稅收入？答案正是那些追求財務自由的人。因為他們設法控制稅率，並知道他們所付的稅款將為零！

布萊德

項目時，資本利得將可能低於免稅額。此外，你無須轉換投資項目以避免沖銷交易，因為你已付清已實現收益的稅款（稅率為零）。

多元的節稅布局

以下狀況恐怕不適用於所有讀者，但是假如你所處的情況相當特別，那麼或許會對你有所幫助。同時也讓我們看到，思考方式不同的人，將擁有更多的選擇。

457(b) 帳戶

有些州政府或地方政府雇員可能會擁有 457(b) 帳戶，好比學校老師、警官、消防員與其他公職人員。此帳戶功能與 401(k) 或 403(b) 退休帳戶相當類似，也就是雇員的收入得以延稅。此外，此帳戶還有兩個優點，包含：帳戶持有者可在給定年度將應稅收入同時納入 457(b) 帳戶與其他有雇主額外提撥資金的帳戶，讓其有加倍的資金可以延稅。另一項 457(b) 帳戶的好處為，它和其他退休帳戶不同，帳戶擁有者可在 59 歲半以前提領款項，且無須受罰。這會給已經財務自由的人更多的彈性。

部落格「百萬富翁教育者」（Millionaire Educator）格

主蓋瑞・博恩（Gerry Born）與他的太太都是公立學校教師。當他們還在追求財務自由的路上時，就曾經透過上述帳戶免除所有的所得稅。這讓他們擁有數個可延稅的退休帳戶。2016 年時，他們繳納的所得稅總額約莫為 190 美元，兩人將公立學校教師的薪水合併後，大約存下 10 萬美元。

　　經營「好的根源」部落格的賈斯汀也是非常好的例子。他運用很相似的延稅策略，其家戶總收入約為 15 萬美元，而所得稅額僅有 150 美元，有效稅率為 0.1%。他混合了此章所提及的數種策略，並且自提最高金額到所有延稅帳戶，包含 401(k) 退休帳戶與 457(b) 帳戶，同時將 6% 的薪資用作退休金。他的太太也自提最高額度到 401(k) 退休帳戶、家屬彈性支出帳戶（Dependent Care Flexible Spending Account）與健康儲蓄帳戶。接著，他們運用稅收損失收穫進一步降低應稅收入總額。上述所有策略使其家庭已計所得降到最低點，並讓他們得以運用可抵稅的個人退休帳戶，當然，他們也大大運用此帳戶的優點。賈斯汀與太太的種種稅務規劃，讓他們在工作期間幾乎不必繳納任何所得稅。而所有款項可以在達到財務自由後再繳稅，屆時，其稅率原則上將趨近於零。

走後門與走超級羅斯帳戶後門

當然不是所有人都擁有 457(b) 帳戶,可以將大筆款項延稅。當你用盡各種延稅投資工具以後,可以考慮將款項轉入羅斯個人退休帳戶。2019 年,羅斯個人退休帳戶的供款上限為每人 6,000 美元。然而,開設羅斯個人退休帳戶有收入限制,超過收入者就無法供款至帳戶。2019 年,收入超過 12 萬 2,000 美元的個人將被剔除供款資格。而收入超過 13 萬 7,000 美元的個人,則無法運用此帳戶。對已婚夫妻來說,若收入超過 19 萬 3,000 美元,將被剔除供款資格;超過 20 萬 3,000 美元則不符合申請資格。這也是為什麼大部分人都無法使用此帳戶的原因。但是,追求財務自由的人可不是普通人。

「FIRE 醫師火力全開」部落格格主分享,即便他已盡可能地使用所有延稅儲蓄方案,但他還是很希望可以運用羅斯個人退休帳戶。然而,身為醫師的他屬於高所得族群,因此,他選擇走羅斯個人退休帳戶的「後門」,做法如下:他必須將錢存入一個不能抵稅的個人退休帳戶,然後再將該筆款項轉入羅斯個人退休帳戶,而在羅斯個人退休帳戶的本金、股利、利息和資本利得都免稅,日後提領也無須繳稅。你可以透過此法運用羅斯個人退休帳戶,唯一要做的就是建

立一個讓金流進入的「後門」，以抗衡收入限制機制。有時候，選擇財務自由代表以不同的方法解決問題。

佛列茲‧吉伯特（Fritz Gilbert）撰寫「退休宣言」（Retirement Manifesto）部落格。他更進一步地運用了所謂的超級羅斯帳戶後門，假如此法符合你雇主提供的退休計畫，不妨參考看看。在吉伯特的例子裡，當他自提最高金額至他的退休帳戶以後，他還可以將一筆稅後款項轉至 401(k) 退休帳戶。接著，將這些本應投入至應稅帳戶的稅後資金，轉移至羅斯個人退休帳戶，在此將不再對後者中的本金、股利、利息及資本利得課稅。這讓他每年可以將數萬美元轉移至有稅務優惠的帳戶，這就是所謂的超級羅斯帳戶後門。

創造優勢的節稅思維

無論是上班族還是買賣有價證券的投資人，我們討論了不少相關的節稅策略。選擇財務自由的人多半滿有商業頭腦的。當你發展了自己的事業或是投資房地產後，增長財富同時加強節稅效果的可能性更高。我們會在本書後面討論其他投資選項。

行動步驟

1. **研究你公司提供的退休計畫。**他們是否提供雇主提撥金？假如你還沒準備好提撥最高金額，至少提撥一小部分，讓雇主也能提撥相應比例的金額，那可是免費的收入呢。

2. **你可以開健康儲蓄帳戶嗎？**如果可以，請研究你的投資選項，並考慮提撥該年的最高額度至該帳戶中。

3. **如果你是自僱者，**研究數種最適合你的稅務優惠退休帳戶。

4. **當你的薪資或是存款增加時，**請養成習慣將款項移往有稅務優惠的帳戶，直到你已經將節稅效果最大化。

旅行是偏見、傲慢與狹小視野的
最大敵人，而我們的國人很需要
從事這樣的活動。

——馬克‧吐溫
美國幽默大師

CHAPTER

7

旅行的思維威力

選擇財務自由代表我們得做出許多的決定。選擇此道的人多半會成為價值主義者，以符合自己價值觀的方式進行消費。我們擁有高儲蓄率，並透過好的投資方法增加收入。但是，有一件事，比這些都還重要。

首先你得做決定，讓自己和其他選擇標準路徑的人有所不同。而財務自由社群的人往往非常在乎旅行。大部分選擇普通路徑的人多半認為旅行相當奢侈。因此，有這種想法的人通常會有兩種做法：認為旅行很奢侈的人，拒絕離開自己的舒適圈，他們認為自己負擔不起旅行費用；而其他人則花高額旅費度假。

對財務自由社群的人而言，有一個不變的主題，那就是

旅行。我們找到更划算的方式頻繁旅行，並節省其他支出。許多人發現，即便旅行，也不會減緩達成財務自由的速度。我們視旅行為可以帶來新觀點與洞見的投資，而它甚至加快自己實踐財務自由的腳步。對於選擇財務自由的人來說，旅行的欲望與願意保持移動的狀態，是我們最強大的武器。

紅利旅遊省錢術

當喬納森聽到布萊德在 podcast 訪談中大談如何省錢旅遊後，很快就邀他見面。兩人剛好都同住在維吉尼亞州的里奇蒙，也因此開展了日後一起主持「選擇財務自由」podcast 的友誼。

我和布萊德則更早一年就認識了，認識的經過也非常類似。那時我很著迷於如何善用信用卡累積里程四處旅行，並且很想多學學這方面的知識。因為一份專欄工作的緣故，我讀到了布萊德的旅行講堂。我對他的點子感到興奮，並且立刻聯絡了他。

很多人從來無法提高自己的儲蓄率，因為他們認為存錢要花太多力氣、要做太多功課，而且犧牲太大。然而，財務自由社群的人不但沒有把存錢當作犧牲，甚至將存錢當作一種遊戲。

　　當我女兒愛上迪士尼的《冰雪奇緣》時，我知道我們很快就得準備去迪士尼玩了。但是算一算，機票、旅館、門票，可能會花超過 4,000 美元。這實在讓人吃不消。因此我想找到更好的解決方法。也就是那時，我開始研究信用卡的旅遊回饋。

　　我很快就發現，只要太太和我各辦一張相關信用卡，我們的整趟旅程可以幾乎不花一毛錢。當然我們花了近十八個月才拿到所需點數，但也很值得啊！我們住在迪士尼樂園裡的天鵝與海豚園區，並從奧蘭多直飛，另外還買了四張門票，總共才花了 150 美元。我們只花了一點點時間規劃、組織，以及用點心思使用信用卡，就省下了 4,000 美元旅費呢。

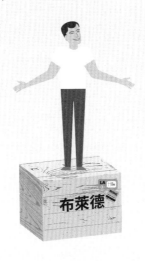

　　我太太來自辛巴威。雖然我們住在美國，但我們許下承諾，只要有機會就會飛去辛巴威看她的家人。一開始我們打算另存4,000 美元的共同基金，並且每隔兩年就探訪她的家人一次。但是當我理解到累積信用卡旅遊回饋的撇步以後，一切就改變了。很快地，我們每年可以只花一點小錢，就回到辛巴威探親。當我和太太一起改變刷卡方式與轉換切入問題的焦點後，我們基本上可以免費到世界各地旅行。

比方說，經營「金錢大賽局」部落格的諾亞與貝綺就把個人財務變成一種遊戲。貝綺說，一開始，他們也是從信用卡的紅利點數起步的。

財務自由社群的人非常喜愛談論如何將旅行計畫當作遊戲，並將信用卡旅遊回饋最大化。選擇財務自由的人往往視保持彈性為人生必要的態度，也因此他們可以善加運用此優勢，獲得豐富的信用卡旅遊回饋。許多財務自由社群的人透過累積旅遊回饋，在世界各地進行簡樸的旅行，探索世界。

對於已經展開財務自由旅途的人來說，善用信用卡回饋也是一項重要的技能。當你已經達到零債務時，就該學習善用信用卡，控制自己的消費，並且每月付清所有應付款項，這樣就可以避免產生高額利息。

旅行可以讓我們擺脫日常生活的壓力，而善用信用卡的紅利點數也有助你面對生活中的際遇起伏。好比運用點數拜訪住在遙遠他方的重病或是瀕死的親人，或是參加好友在熱帶小島上的婚禮等。不管是哪種旅行，紅利點數都讓你比按照常規生活方式走的人，擁有更多的彈性與更少的財務壓力。

為了擁有更好的生活品質並降低消費，好好學習累積信用卡旅遊回饋的策略與技巧，自然是滿合理的。此外，到陌生、新奇的地方旅行更會為我們帶來無盡的好處。當我們離開家，踏上陌生的旅途時，往往會為生活帶來全新觀點。

開拓視野的轉化力量

通常人對世界的觀點往往和親近的人十分相近。我們活在同溫層裡，越來越缺乏獨立思考的能力。

旅行讓我們遇到不同的人、地方、文化，並用嶄新的視角觀看世界。

這對選擇財務自由的人來說，絕對是非常珍貴的事。

撰寫「千禧革命」的加拿大部落客克莉絲蒂與布魯斯分享了一個和短視近利有關的故事。當兩人和家人宣告要去墨西哥住上幾個月時，家人們激烈地反對。他們的回應差不多是，「天啊！你們會被殺掉！」這正是家人從電視上學到的關於墨西哥的一切。但是兩人並沒有被勸退。他們出發上路，並且住在坎昆（Cancun）的一間 Airbnb 裡。而兩人也和房主變成了朋友，對方是一位潛水教練，並樂於分享潛水的知識。某天傍晚，克莉絲蒂與布魯斯提到之前在泰國考到潛水執照，房主的回應是，「噢，天啊，泰國很危險耶！」這讓布魯斯感到很諷刺，似乎這世界上的人都以為自己家很安全，而別人家都非常危險。

克莉絲蒂與布魯斯察覺到，這種同溫層效應不僅限於對

地區安全的認知。當他們拜訪越來越多不同國家與文化時，他們也接觸到了不同地方所滋養出來的文化習慣。布魯斯體會到了自己的許多觀念根本不是全世界通用的。他更認為旅行讓他大開眼界，也因此體悟到了根本沒有所謂的正常生活。

　　經營「地球上的皮爾斯」（Pearce on Earth）部落格的布萊登・皮爾斯（Brandon Pearce）也有類似的故事。皮爾斯原本是電話客服中心的技師，後來成為不受地點限制的創業者（location-independent entrepreneur）。他發展了一套專門供音樂教師使用的軟體服務，因此他和太太以及三個小孩得以擁有像是遊牧民族般、環遊世界的生活。他說道，「我覺得旅行帶給我最大的好處在於，至少是一開始啦，我慢慢發現我做事的方式不是唯一的方式。」他補充道，「我們與許多不可思議、超級厲害的人生活在同一個世界，但他們的做事方法、思考方式，以及價值觀都與我截然不同。然而他們的 DNA 卻跟我幾乎一模一樣。」

　　我還滿懂這種心情的。太太和我在大學畢業時，遊歷了許多地方。我們總是到世界各地進行不同的戶外探險活動。這讓我們去到不少相當貧困的區域，好比墨西哥鄉下、厄瓜多、坦尚尼亞。

　　有次在我們爬坦尚尼亞的吉力馬札羅山時，發生了讓我

們徹底改變觀點的事。當時所有旅客都被要求雇用登山嚮導
與挑夫，以確保當地居民的工作機會。提供嚮導服務的公司
傳來了一張要我們準備的登山行囊清單。他們建議攜帶羽絨
睡袋，或是裝了化纖材質的保暖物，以便安然度過零下約十
八度的低溫。每天旅途時，挑夫都會趕在我們之前，先行紮
營。他們總是在比較隱密的地方紮自己的營。當時，因為我
想找其中一個嚮導繼續聊天，所以就來到他們的營地。我發
現挑夫自己的睡袋是兒童用的，上面還有迪士尼的阿拉丁圖
案。當晚，我們不禁想他要怎麼睡在兒童用的睡袋中，而幾
步之遙的我們卻睡在專業登山用的睡袋裡。如此的對比讓我
們無語。

　　在西方文化裡，存錢似乎等同於犧牲。然而，當你離開
舒適圈時，正好可以看看自己已然擁有的事物。世界上其他
地方的人或許長相、行為、思考都與我們迥異，但每個人都
有基本的需求與渴望。當我們了解這點並且克服了恐懼以
後，就可以更加大膽地面對財務自由之路。

地理套利策略

　　提摩西・費里斯在他的暢銷書《一週工作 4 小時》中，
大力推廣地理套利的概念。地理套利就是利用兩地之間的生

活成本差距。這代表你可以在某地賺錢，並將錢花在生活費更為低廉的地方。

地理套利能讓財務自由的人擁有充滿冒險的生活。他們可以在任何地方工作，甚至根本不用工作。撰寫「加油！咖哩餅乾」的早退人士傑洛米與太太維妮（Winnie）決定運用地理套利，並且在 30 歲初頭就退休。傑洛米這麼說，「我們打算在一開始的前七年住在生活費極度低廉的地方。就算我們生活得頗豪華，也花不了什麼錢。當我們住在墨西哥、中美洲與東南亞的時候，我們每個月大概只花 2,000 美元。」接著他們搬到歐洲，生活花費提高三倍，也就是一個月花費 6,000 美元，但生活方式卻幾乎差不多。

克莉絲蒂與布魯斯也有同樣的故事。兩人在 30 歲時退休，並開始環遊世界。他們算過，環遊世界的總花費為 4 萬美元。對很多人來說，花 4 萬美元旅行似乎是難以企及的夢想，但是克莉絲蒂發現，單單住在多倫多老家，過著簡樸的生活，每年至少也要花 6 萬至 8 萬美元。在他們環遊世界的第一年，他們一半的時間在東南亞、一半的時間在西歐，他們還住在倫敦郊區一小段時間，那裡可是出了名的便宜。此外，他們也花了不少錢在昂貴的按摩服務以及海鮮大餐上。

當他們回到多倫多時，他們發現朋友們的生活花費遠比自己來得高，而消費的名目往往是房貸或車貸。布魯斯觀察

到，「他們的生活費高了我們好幾倍，而他們還得天天待在同一個地方工作。此外，他們也無法享受自己買來的房子，因為根本沒有時間啊。那時候我們老愛討論『明年要去住日本還是回歐洲？』總之，我們和朋友過著截然不同的生活。」值得注意的是，克莉絲蒂與布魯斯在旅行首年花費了4 萬美元，但是這裡頭有不小的花費失誤。在第二年時，他們僅花了 3 萬美元。

兩對部落客的故事都很精彩。但還是有很多人不敢幻想遊牧般的生活，也不願意離開家人或朋友，住在東南亞或中美洲。那這會讓我們無法享受地理套利嗎？答案是，不會。對於選擇財務自由的人來說，他們可以運用其他方式善用地理套利。

國內版的地理套利策略

我們很容易以為地理套利是那種「超瘋狂的人」才辦得到的事，然後還得搬到遙遠的國度。但是，你也可以在自己的國家、州或是城市進行。地理套利意味著善用不同區域的生活成本差異，因此你也可以在自己住的地方運用此道。這也是追求財務自由社群時常討論的話題，並且往往帶來深刻的影響。

　　拍攝《賺錢，更賺自由的 FIRE 理財族》紀錄片的史考特住在聖地牙哥附近的科羅納多海灘區域，該處雖然美麗，但是消費水準十分昂貴，而當時的他開始認真思考追求財務自由。他發現，地理套利可能是最簡單的方法。他們可以藉由搬到較便宜的地方，省下大筆存款。當時，他們得賺兩份收入，才能負擔得起房租。當然，高所得者也會付更高的所得稅。如果你住在加州，除了聯邦稅以外，你還得支付高額的州稅費用。而且如果夫妻兩人都上班的話，還得請個保姆才行。史考特解釋道，「我得花半天的時間工作，好換來其他人陪我小孩的費用。」

　　史考特了解到只有搬到便宜一點的地方，他們才可能存到錢，事實上，他們大可搬到美國的任何角落。地理套利讓史考特與太太可以在五至七年內就達到財務自由。儘管一開始他們的幻想「有點超過現實」，但是最終他們還是以不可思議的速度實現財務自由。

　　當「自由就是潮」的部落格格主潮先生（Mr.Groovy）上「選擇財務自由」podcast 時，話題就圍繞在地理套利之上。潮先生和太太從消費水準頗高的紐約長島搬到北卡羅來納州的沙洛特市（Charlotte）。他們的故事讓人思考地理套利的極大可能性。

2005 年,當我和太太結婚時,我們理解到兩人都很希望有不一樣的生活,因此我們決定從物價高昂的長島搬到維吉尼亞州的里奇蒙。雖然我們都是執業會計師,並且按照標準觀念來看,絕對可以在長島「成功」,但是我們總覺得那樣有點犧牲(好比為了存退休金得放棄旅行,未來蘿拉還可能得辭職在家顧小孩等)。總之,我們不希望為了貸款,抵押自己的未來與自由。因此我們下了好大的決心,離開家人、朋友,往南搬到約 644 公里遠外的地方,這裡的房價只有長島的一半。而這決定讓我們直直通往財務自由之路。

布萊德

原本潮先生和太太住在長島時，每月花費約 7,000 美元，但是搬到北卡以後，每月消費降到 1,800 美元。他們把長島的公寓賣掉，並用現金在北卡買了房子，再把餘款拿來投資。他們做的最重要的決定就是終結幾筆鉅額消費，好比不動產、高房屋稅以及其他的高消費支出，以達成兩人的財務自由。此外，他們也沒有犧牲生活品質，他們把長島的 16.85 坪的一房公寓，換成北卡的兩房公寓。潮先生說，「我沒有放棄任何事情。北卡的天氣超好的，而且地方政府的水準和長島差不多。我在北卡的生活基本上和長島一樣。」

我們已經討論了如何從消費水準高的地方搬往較適宜居住的地方，以進行國內地理套利。此外，如果你願意搬家的話，你還可以選擇有可能增加所得的居住地。兩種選擇都會非常有幫助。但是假如你設法達到「雙重地理套利」（dual geoarbitrage）呢？

經營「FIRE 醫師火力全開」部落格的格主就這麼做了。他住在中西部的小鎮，薪水不錯，並憑藉著醫學專業讓自己收入高於平均。相較於大城市，小鎮的低消費水準，以及對醫師的高需求度，讓他每年多賺約數萬美元的收入。對一個住在小地方的醫師來講，確實有點大材小用之感，但是他也不用去承受其他在大城市奮鬥的醫師所面臨的龐大壓

力。畢竟，在大城市裡，不但消費水準高，工作競爭也相當
激烈。

　　大部分的專業工作者都能實際運用我所提到的做法。我
在當物理治療師時，也確實實踐了地理套利。目前市場對遠
距工作的接受度提高，這也讓我們有更多「雙重地理套利」
的可能。我的太太就以此策略為華盛頓特區的顧問公司遠距
工作，不但獲得相對豐厚的薪資報酬，生活費卻又相對低
廉。這種策略對網路創業者而言，更是一大利多。

　　你可以運用多種方法，發揮行動能力、善用旅行機會，
加速自己達到財務自由。別以為旅行是很奢侈的行為，只要
多造訪世界不同角落，你就可以獲得嶄新的視野。對於財務
自由社群的人來說，保持行動能力絕對是強大的優勢。

行動步驟

1. **你是否已經了解基本的生活常識，並且以成熟的方式使用信用卡，**如每月付清帳單，以避免高昂的循環利息？如果是的話，你應該更進一步擴展自己的能力，了解如何使用信用卡累積旅遊回饋。請瀏覽我們網站的旅遊系列文，了解最新的信用卡旅遊優惠。

2. **你上一次離開舒適圈進行冒險是什麼時候？**請開始計畫下一次的冒險吧。或許是和孩子們一起去露營，或是參加教會或慈善機構舉辦的旅行服務隊。冒險不需要在遙遠之境，也不必然開銷龐大。

3. **思考自己住在此地的原因為何？**假設你搬到另一個城市，可以賺取更多收入嗎？或是得

以減輕房屋支出？還是能讓你更方便參加自己喜好的活動呢？請腦力激盪一下，是不是有任何地方能讓你過得更好，並且有助你加速達成財務自由？你可以大膽一點，好比搬到其他國家；也可以謹慎一點，好比搬到城市的另一端；或是搬到距離工作近一點、且房屋稅較低的地方。你要放膽去想，突破自己的界線。

PART 3

EARN
MORE

賺更多

你有頭腦，你有腳，你可以朝任何地方邁進。你為自己負責，你清楚自己的能耐，你就是決定自己未來的人。

——蘇斯博士（Dr. Seuss）
美國童書大師
《你要前往的地方！》
（*Oh, the Places You'll Go!*）

CHAPTER

8

學歷 vs 能力

本書並沒有反對念大學。布萊德、喬納森與我都有大學學歷。對布萊德和我來說，大學學歷是我們能通往財務自由的基本工具。但是「駭出大學」（hacking college）是這本書所探訪主角們的共同理念。所謂的「駭出大學」指的是想辦法得到可以獲得高收入工作的證書，但是不要欠任何學貸。當然，你也可以在沒有大學學歷的情況下，學習一技之長。雖然收入很重要，但是能達到高儲蓄率，並且沒有被學貸束縛，或許是更重要的一件事。

我們用喬納森來對比一下。他沒有駭出大學，當他 28 歲畢業時，身上背了 16 萬 8,000 美元的學貸。儘管他僅花了四年就償清龐大的債務，但是等他身價歸零時，他也已經

32 歲了。不少財務自由社群的人，因為好好地規劃大學生涯，因此早在 30 歲出頭就已經宣告財務自由。不過，喬納森也不賴，他擁有可以獲得六位數美元年薪的藥劑學學位。如此一來，他可以設法將自己拉出經濟泥淖。

然而，很多人因為學貸而步履蹣跚。

很多時候，他們在可以合法買啤酒之前，就已經被學貸利息壓得喘不過氣來了。

而且很多人取得了學位卻根本沒有學到就業技能。為了償還學貸，他們最後只能從事跟自身所學領域毫不相干的工作。這讓許多人被困在傳統的人生道路上，窒礙難行。

學歷的決策樹狀圖

本章或許是全書中對你影響最深刻的一章，但也有可能派不上用場，端看你目前在財務自由道路上的位置。

假如你已經從大學畢業，有了高收入的好工作、沒有學貸，也不需要為孩子設想該上怎樣的大學，那麼你應該可以跳過此章。你已經是人生勝利組了。

假如你已經結束大學學業，並有著前景可期的工作，但

是學貸讓你遲遲無法展開財務自由之旅，那麼你得好好研究付清學貸的策略，才能展開新的人生。

假如你上了大學，卻發現自己做了錯誤的判斷，落腳在不適當的職業生涯裡，那麼你或許需要更進一步取得專業訓練，以便轉換工作跑道。也或許有些人早在決定要不要進大學之前，就已經知道財務自由的概念。也有些人可能正在通往財務自由的道路上，一邊為小孩準備教育基金。

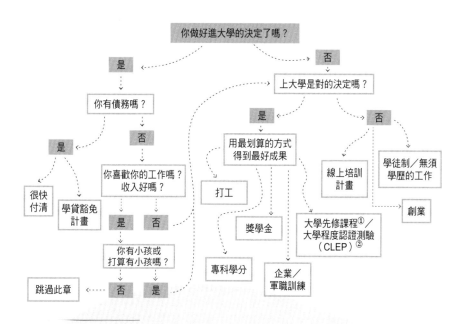

① 【編注】大學先修課程（Advanced Placement，AP），由美國大學入學考試委員會（College Board）主辦，讓高中生提早先修大學一年級的基礎課程。而通過 AP 考試者，可憑測驗成績向大學申請學分折抵。
② 【編注】大學程度認證測驗（College Level Exam Program，CLEP），由美國大學入學考試委員會主辦，通過考試者能抵修學分。

隨著家裡兩個就讀小學的女兒不斷地成長，太太和我也一直在思考如何支付她們的大學學費。我們會先試法挑戰她們的觀點，比方說，一定要去被錄取學校裡最優質的學校嗎？以及，只為了那學歷付出大筆學費值得嗎？

舉例來說，維吉尼亞州的社區大學有「保證入學」的計畫，你只要在社區大學念兩年，有不算差的成績，並選修幾門特定課程，你就可以進入最優質的州立大學，好比維吉尼亞州州立大學以及威廉瑪麗學院（College of William & Mary）。因此，你可以在前兩年只付便宜的社區大學學費，再把學分轉到其他四年制大學，接著再過兩年，你就可以拿到維吉尼亞州州立大學或威廉瑪麗學院的文憑了！

如果我們的女兒真的很想去上四年的大學，那我們會要求她們申請私人獎學金或是特殊獎學金，主要是讓她們了解到，大學學費應該是她們自己的責任，而她們的選擇有可能在四年中帶來將近 20 萬美元的負債。

布萊德

　　不管你處在哪種階段，你們都擁有各自的決策樹狀圖。其實，上大學並非是適合所有人的選擇。假如你想當醫師、醫療專業人士、律師、工程師、會計師，那麼當然你得上大學。但對其他人來說，好比創業者、電腦程式設計師、交易員或是追求藝術成就的人，答案就很模糊了。

　　假如你覺得上大學是正確的決定，那你必須找出如何發揮大學的最大價值，並且花最少的成本與時間，通往財務自由之路。我們將會討論那些成功「駭出大學」的人所運用的概念、策略，並分享他們的故事。

　　假如上大學不是個好選擇，但你還是需要有某方面的技術、知識或經驗，讓你比其他人更有優勢，找個收入不錯的工作。我們會分享一些不需要花費時間與金錢上大學，但是還是能抵達財務自由的好方法。

　　選擇財務自由代表你可以依據自身情況，選擇適合的道路。本章會幫助你選擇最好的路徑，達到成功。

處理學貸實務指南

　　在理想的狀況下，我們應該在你很年輕的時候、高中時期，或更早的時間點，就學習思考學校、債務、工作、存款與投資。這樣每個人都可以很早就達到財務自由。

　　假如有人問我什麼是我做過最糟的財務決定，那答案肯定是念藥學院。我花了十二年的時間，欠下了 16 萬 8,000 美元的學貸，然後在 32 歲時才還清債務。這代表我花了所有的精力、耗盡所有的資源，放棄其他的夢想，才能清償債務。

　　上藥學院確實是很糟的財務決定，但並非錯誤的人生決定。這是我生命的一部分，也讓我想幫助其他有類似狀況的人。你的過去不能決定你的一切。很多人都是在犯下重大的理財錯誤後，才接觸到財務自由的概念。而理解過去的錯誤，並且認真思考，是非常重要的一步。就像中國俗諺說的，「種一棵樹最好的時間是二十年前，其次是現在。」

喬納森

不幸的是，很多人因為龐大的學貸纏身，無法擁有高儲蓄率，所以很難邁向財務自由。

假如這是你目前的狀況，那麼你必須決定付清貸款的最佳策略，以減輕自己的財務負擔。這不是很簡單的一件事。畢竟，很多學貸減免計畫的規定與條件都非常複雜。許多人甚至不知道有學貸減免計畫，而且這些計畫也一變再變。有很多公司知道許多人對此漠不經心，因此推出了不適用於所有人的重貸（refinance）計畫。雖然重貸計畫可以幫助一些人，但是很可能會讓申請人花上數萬美元。更糟的是，當你做好決定後，幾乎沒有回頭的可能。

創辦「學貸規劃者」（Student Loan Planner）計畫的查維斯・霍斯比（Travis Hornsby）曾在「選擇財務自由」podcast 討論有學貸者的諸多還款選項。霍斯比強調他們的公司平均為客戶省下至少 6 萬美元，主要方法則是透過避免償付學貸時可能犯下的錯誤。他強調，「雖然有學貸，但還是有很多希望。或許很多人不知道，不過他們還是有辦法財務自由。」

霍斯比提供兩種解決學貸的方法。你可以盡可能地加速還清學貸，或是你可以嘗試學貸減免計畫。他所討論的方法很可能因為法案變動或是時間的變化而有所改變，因此我們選擇以比較宏觀的眼光來理解。在你做任何決定以前，請做

足功課，確保下述規則沒有變動。

第一個方法很簡單也很直接。霍斯比認為，如果你的學貸沒有超過年薪的兩倍，而且你在公部門的營利組織工作，那麼你最好選擇重貸。記得選擇最低利率，並以最快的速度償還貸款。接著，展開人生的新篇章。

霍斯比強調，雖然以最低利率獲得重貸，對許多人來說是解決學貸最好的方法，但是在你選擇重貸**以前**，一定要確認這對你來說是最好的長期選擇。他表示，「市場上有很多公司透過學貸賺錢。因此他們非常樂意提供你重貸資訊，儘管那對你來說，可能不會是最好的決定。你必須小心謹慎，因為一旦你選擇重貸，就不可能考慮其他選項了。」

如果你的總債務大於總收入的兩倍，或是你在非營利機構或政府機關上班，那麼更好的選項應該會是學貸減免計畫。霍斯比將學貸減免計畫分為兩大類：公共服務學貸減免計畫（Public Service Loan Forgiveness），以及標準的學貸減免計畫。

公共服務學貸減免計畫是最好的選擇。但是你的學貸必須是聯邦直接貸款（direct federal loans），而且你必須在政府機關或是非營利組織工作才行。如果你符合上述條件，那麼你有機會申請「依收入還款」（income-driven repayment）的償債計畫。參加計畫者將部分收入（約 10％）拿去還

款,為期十年(共 120 次償款)。在還款期屆滿後,若尚未償付完畢,餘額可以被免除,也不會被課稅。這對符合條件的人來說,可以節省下大筆成本。

另一種是人人適用的標準學貸減免計畫。在此計畫中,你也可按比例將部分收入拿去還款,但是還款期為二十年至二十五年,而非公共服務學貸減免計畫所規劃的十年期。此外,當標準學貸減免計畫的還款期結束後,你仍然要為免付的餘款繳稅。此計畫的計算方式會讓許多人非常困擾。你必須比較不償清貸款可以存下的錢,與背負學貸數十年,最後該繳的龐大稅款,何者對你比較有利。

學貸減免計畫實際上有法律變化的風險。霍斯比說他與律師討論過廢除或取代依收入還款的償債計畫的可能性。然而,他們認為從貸款協議的措辭來看,已經欠債的人必須被豁免、不受新法約束。霍斯比強調美國目前總額約 1.5 兆美元的學生貸款已是巨大的社會問題。如果學貸制度變得讓借貸者更不易還款的話,將會造成經濟危機。儘管兩種論述都解釋了為什麼上述的學貸減免計畫不太可能消失,甚至不會發生重大變化,但是更重要的是認知到,學貸減免計畫很可能會隨時中斷,這點更提升了參與計畫者的風險。

雖然霍斯比提供希望與可能選項給背負學貸的人參考,但是,對於尚未背負學貸的人來說,實在還有更好的選擇。

我們願意提供駁出大學，甚至根本不要上大學的好方法，並且讓青年們在精進技能的同時，還能賺更多、花更少。

文憑的真正意義

我們的第一個問題是，上大學真的有那麼好嗎？我們可以從不同的層面檢視大學的實質意義。

很多人認為賈伯斯、祖克柏或勒布朗·詹姆士（Lebron James）等都是沒上過大學，但是取得巨大財務成就的絕佳例子。雖然我們敬重親愛的讀者們，但是恐怕我們都沒有賈伯斯等級的創意、祖克柏敏銳的網路能力與詹皇的體能天分吧。

為此議題爭辯的人還會引用最新的研究成果，強調大學畢業生的收入確實比沒有大學學歷的人更好。近年喬治城大學研究發現，大學畢業生的終生收入遠比沒有同等學歷的人平均多了 100 萬美元。皮尤民調研究中心（Pew Research Center）發現大學畢業生年收入比高中畢業生多了 1 萬 7,500 美元。種種數據讓人深信上大學確實有好處。

但是讓我們更仔細地思考一下贊成上大學的說法。你必須工作多少年，才能每年多賺別人 1 萬 7,500 元，或終其一生比別人多賺 100 萬美元呢？要五十七年噢！假如你想要把

自己綁死在工作上，並且一輩子努力地賺錢，那麼上大學確實滿符合邏輯的。但是如果你的夢想是財務自由呢？

許多想要財務自由的人往往給自己十到二十年的時間達成。假如你採取比較極端的手法的話，或許十年就可以達到了。這讓我們必須在做決定前，考慮許多變數。

唐‧瓦特瑞克（Don Wettrick）是高中教師，同時是「打開教育」（StartEdUp）創新計畫的執行長與創辦人。他曾經在「選擇財務自由」podcast 介紹過自己的計畫。他不認同上大學這種主流的價值觀。他說，「你想上醫學院嗎？那就去上大學吧。你想當高級工程師嗎？那就去上大學吧。」但是對於其他人來說，誰的工作真的需要學歷呢？

如果有人想要新聞學學位，瓦特瑞克說，「你還不如自己寫部落格！」

支持大學教育的人會說，上大學不只是拿學位而已，還可以建立人際網路。瓦特瑞克說，「你真的認為那讓你有優勢嗎？當你 22 歲畢業後，你只會成為一個普通人罷了。」他認為如果一個高中生興趣廣泛，並且具有強大的學習動力，那麼他可以很早就開始學習、創造與累積經驗，並讓其他人去花時間煩惱學業，或是如何拿到學分等瑣事。這位

16 歲的年輕人將比其他人擁有更多優勢。

瓦特瑞克還強調自己說到做到。他讓自己的高中生女兒，選擇自己的路。他說，「她的成績（GPA）有 3.9。至少，她明年就會展開空檔年。我說至少噢，她有可能根本不會去上大學。」瓦特瑞克的女兒想當創業家。

有很多收入豐厚的領域，都不需要高等學歷。我們會在本章末討論其他不上大學的替代選項。

再來我們必須考量上大學的機會成本。當你決定要花時間與金錢在大學學位上時，你等同放棄了投資其他資源的可能。假如你的夢想是早點達到財務自由，那麼你就不該花四年、六年，甚至十二年的生命去學校。挖個破產坑洞讓自己跳進去，恐怕不是明智的決定。當然，或許大學學歷能讓你在未來的三十年至四十年裡，都能擁有理想工作。但是實情是很多人花了四年或更長的時間、支用數萬美元的學費在大學體系裡，但是到最後他們根本沒有擁有足以傲視群雄的特殊技能。即便你確實擁有了可以獲得頂尖工作的技能，但是你不該忽視另一種成本，那就是沉沒成本（sunk cost）。請試想，當你已經在特定方向的路上，卻想要換跑道時，那需要多少資源成本。再者，又有多少人在 18 歲時就已經知道他一輩子的方向呢？

本人可算是「成功」達到財務自由的一員，當時我 41

歲。我擁有物理治療的專業技術。但是當我執業越久，我越來越懷疑這是我想做一輩子的工作。我感覺自己被自身成就給綁架了。我花了七年時間、數萬美元的學費，才得到這份穩定、薪水優渥的工作。我的父母也在我的教育上花了不少錢。

　　看似成功的專業人士往往內心相當迷惑，因為高薪工作並不能帶來完全的滿足感，所以他們轉而追求財務自由，以邁向真正的自由。撰寫「逃脫藝術家」部落格的巴尼寫過類似故事，「假如你是中產階級、上過大學，某部分來說，真正的問題在於你已經有了最安全的選項。你沒有成為創業家應有的動力或壓力。某方面來說，在相對舒適的環境獲得早期的事業成就往往會成為某種陷阱，因為這代表你適應了舒適而規律的月薪，所以會有意地避免風險。」這讓許多人持續維持那份高薪工作，卻無法追求他們內心真正想要的道路。

創造最高價值的駭出大學策略

　　假如你已經做好功課，並且認為上大學是你最好的選項，那麼讓我們來進一步思考如何「駭出大學」。這代表以最低成本從大學教育裡獲得最高價值，而當你離開校園時，

除了擁有傲人的學歷以外，也沒有背負太多債務，甚至零負債。這件事不會憑空發生，但也不代表你得有超級富有的父母，可以隨手寫幾張支票，送你進最昂貴、聲譽最高的學校。因此，讓我們來思考如何做到吧。

大學是種投資。請不要把上大學當作不計成本的好選擇，一定要看一下時間與金錢成本，思考獲得此學位究竟要花多少成本，而得到學位後又會帶來多少報酬？我們有很多方式可以駭出大學。

有時候，選擇財務自由就像是透過不同的觀點思考另類的解決方案，這一點都不難。如同俗話說的，錘子在手，任何東西看起來都像釘子。假如你認為簡單的做法就是最好的做法，那麼你可能會累積龐大的債務。然而，如果你把錘子丟掉，你就會發現其他工具一樣有效。

想要駭出大學最簡單的方法是先忘掉「要上（昂貴）名校才算數」的概念。撰寫「大學投資客」（The College Investor）的羅伯特・法林頓（Robert Farrington）分享了他在目標百貨從兼職員工、爬到店經理的故事。當他在公司裡努力攀升職位時，他每年可賺進約 18 萬美元，這對他們的位階來說，是很正常的薪資。

法林頓認為，要在大企業獲得工作或是升職確實需要學位，但理由和大家所想的不同。當你問他，他的事業成就和

學歷有關嗎？他的答案是，「對，也不對。那張紙只是代表你確實關心自己做的事罷了。但是文憑能讓我獲得成功的必備技能嗎？我覺得沒有。」

儘管有些公司開始思考文憑是否為鑑定員工的標準，但很多公司仍舊以文憑過濾面試申請者。雖然擁有學歷可以讓你在求職時脫穎而出，但是你最好以最便宜和最快的方式取得文憑。

法林頓觀察「大學投資客」部落格的讀者留言，認為很多人實在過分相信大學教育。許多人在付出了高昂學費，並且累積一身債務後，才發現了他的部落格。其他人甚至繼續累積債務，追求碩士學位或其他進階學位課程。他認為，「你的文憑的價值大概只有在畢業後的十八個月內有效……雇主希望知道你的經驗與可能帶來的效益。我認為，今天我們所擁有的最大問題為高教育、低經驗……很多人最終只得到非常低階的職位，這讓他們根本無法償還學貸……他們為自己挖了一個十年都走不出來的坑，而其他人雖然沒有受過高深的教育，但是經驗更為豐富。」

法林頓建議，為了提高文憑的價值，並且提升教育投資成本的報酬率，你最好結合教育與經驗。他的建議正好符合那些可以成功駁出大學的人的做法，也就是半工半讀。

許多大學學生都選擇貸款以支付學費，卻沒有思考自己

是否有能力償還。當我還在擔任物理治療師時，遇過不少實習生，他們都背了 15 萬至 20 萬美元的學貸，而當他們離開校園時，平均年薪約為 6 萬美元上下。有很多人建議大學生專注於課業，而不要花時間打工。這對校方來說，當然是好的建議，因為表現拙劣的學生，多半會受到退學處分，進而讓學校的收入短少。但是對學生來說，這是非常可怕的建議，因為很悲傷的是，許多學生會背上非常巨大的債務，並花數十年工作償還。

法林頓說自己在目標百貨任職期間，大約雇用了超過 1,000 位雇員。他說，最好的職員是那些在高中、大學時就開始打工、具有實務經驗的人。儘管大學會教你某些技能，但不會教你溝通技巧，也不會教你如何解決工作上的問題。然而，對幾乎所有領域來說，這正是成功者與失敗者之間的差異。

我真的非常認同他的說法。在我大學期間，我嘗試了許多職位的實習工作。如此一來，我不但沒有背負學貸，畢業時還有兩份職缺向我招手。相反地，許多同學以及我所指導的實習生們，不但背負了六位數美元的債務，還沒有任何實際的工作機會。他們不但沒有人脈也沒有經驗，這代表他們得花相當長的時間進行在職訓練，因為他們的溝通技巧與解決問題的能力都相當拙劣。

　　我太太也有類似的經驗。當時她不但有全職工作，也是全職學生。一開始她是銀行的出納，最後當她從數學系榮譽畢業時，已成為該銀行的副理。擁有大學學歷不僅讓她達成人生的階段性成就，也讓她有其他面試機會，但真正讓主管器重她的，則是她邊工作邊應付學業的能力與經驗。在剛踏出校園時，她就獲得數間公司的聘任。

　　撰寫「飛向財務自由」（Fly to FI）的柯迪・伯曼（Cody Berman）受布萊德與喬納森訪問，兩人期望伯曼能為尚在大學裡搏鬥的學生們一點建議。伯曼認為半工半讀不但有明顯的經濟效益，而學生們更應該選擇可以帶來最高價值的工作經驗。他認為在大學擔任助教的經驗，給了他不少層面的好處。他不但有不錯的收入，也與其他學生、教授建立起人脈網絡、學習溝通技巧，並且能以微軟的 excel 軟體製作龐大的表格。而最大的好處則是，這等同有人付錢讓他上學。

　　除了上述伯曼提及的好處以外，擔任宿舍管理者也有類似的好處，並讓你減輕住宿上的財務負擔。其他的校園工作也能幫助你減輕學費。我們衷心建議，半工半讀是最好的駭出大學方法。只要你仔細慎選工作機會，你將獲得比薪資單更為珍貴的好處。

　　在進入大學以前，伯曼也花許多時間研究另一種駭出大

學的方法：獎學金。許多人根本懶得申請獎學金。他們認為要獲得補助的機會實在太渺茫，因此他們不願意嘗試。

伯曼建議不妨試試社區或你感興趣的學校所提供的獎學金機會，或是與你的國籍、主修、生活狀況或是任何與私人因素有關的補助。接著，他建議你丟出越多申請書越好。

他的觀點滿有力的，如果你大規模地申請獎學金，就有可能獲得其中一、兩項補助。每份獎學金的補助金額從數百美元到數千美元不等。他說如果你獲得幾筆小額的獎學金補助，「當它們加總起來，將可能減輕你的學貸壓力，你就不用一路還錢了。」

伯曼也提及申請獎學金的過程。他發現申請所有的獎學金都需要撰寫論文。然而，大部分的內容都與以下五項主題有關，包含：

1. 你為何選擇這個主修？
2. 你未來的目標是什麼？
3. 你曾經遭受過最大的失敗為何，而你從那經驗中學到什麼？
4. 為什麼你應該獲得此獎學金？
5. 你目前最大的成就是什麼？

　　他花了時間研究各項主題的撰寫技巧，接著申請了許多獎學金，而每次的申請都只需要花一點時間稍微修改段落，並且讓文字內容更符合申請項目即可。

　　這真的很划算。伯曼表示自己每年大約獲得 1 萬 5,000 美元至 2 萬美元的獎學金。與其他策略加總起來以後，他每年至少可省下約 3 萬美元的學費，讓學費落在 5,000 美元至 7,000 美元之間。

　　很有趣的是，當「金錢大賽局」部落格的諾亞與貝綺來上「選擇財務自由」podcast 時，也分享了類似伯曼的獎學金故事。諾亞與貝綺在高中時都擔任高爾夫球僮。他們發現了伊文斯獎學金，此獎學金專門提供給在校成績優異並且有財務需求的球僮。兩人都善加利用此獎學金，不但大學期間完全沒付學費，更在暑假時間繼續擔任球僮，賺取生活費。

　　我在研究所期間也透過類似的獎學金繳交絕大部分的學費。該筆獎學金來自校內體育部門，專門提供給參與相關運動項目的學生。我其實沒有打過校隊比賽。但是我確實曾在大學部選修過運動訓練，並與校內運動員共事過。這讓我得以獲得價值高達數千美元的獎學金，假使我沒有仔細研究的話，不可能會知道有如此獎項存在。

　　創辦「學貸規劃者」計畫的霍斯比從來沒背過學貸。他是因為幫忙未婚妻處理牙醫系學貸，才開始踏入學貸的領

域。當他高中畢業時，就開始尋找是否有學校提供學術相關
獎學金。結果他發現了有獎學金單位為入圍美國優秀學生獎
學金計畫（National Merit Scholarship Program）準決賽的學
生，提供免費食宿。在搜尋過程中，他發現了不同的學校都
有提供類似機會，也因此對擁有此資訊的人來說，不免在內
心展開一場「下注大戰」。

**有太多關於獎學金的有趣故事與機會。但如果你
拿不到任何獎學金，那麼至少想辦法讓別人幫你付學
費。**

　　法林頓表示，為目標百貨工作讓他得以繳付大學與研究所的部分學費。這是成功駭出大學的人最常使用的策略。對那些希望更進一步進修的人來說，他們得找到方法增加潛在收入。許多人藉著雇主、甚至軍隊，得到學費全額資助的機會，並獲得了高等學位。

　　我也用同樣方式讓雇主為我的物理治療師執照付錢。而我太太也以在職的身分獲得兩個碩士學位，分別是 MBA 與經營管理學。她的雇主負責付學費，而她自己只花了買課本的錢而已。

　　另一種讓人幫你付學費的方法是參加軍事服務。經營「火熱的千禧世代」部落格的關就透過報名美國空軍國民兵計畫（Air National Guard program），獲得全額獎學金。接著，她取得另一筆獎學金，並足以負擔四年的大學學費。儘管很多人都認為唯有背負學貸或是靠著富爸爸、富媽媽才上得了大學，但是關則靠自己得到兩筆獎學金（雖然她不能兩份獎學金都拿）。最終，她選擇了學術獎學金，而且從大學畢業時，身上沒有任何債務。此外，如果未來她決定重回校園，她還可以透過美國空軍國民兵計畫額外獲得八學期的學分。她在美國空軍國民兵計畫的工作讓她有 1 萬美元的收入，這也讓剛踏入社會的她，有了堅實的經濟後盾。

　　就算你無法找到其他單位為你付學費，還是可以透過聰

明地規劃與努力工作，降低學位成本。不管是伯曼或是關都付出相當的心思與時間，系統性地規劃出最經濟實惠的取得大學學位法。

兩人運用不同的策略讓自己在高中就獲得大學學分，比方說，參加大學先修課程或大學程度認證測驗，以及選修社區大學的雙學分課程（dual enrollment）③等。這些策略都有雙重好處，除了讓你以更廉宜的方式取得大學學分以外，也加速你取得學位的過程，減低你在大學學位或未來職場上所耗費的時間成本。

我們在本段落中所討論的主角們，都運用了數種策略駭出大學。這可不是巧合。這說明了願意另類思考的人，總會找到駭出大學的方法。它能讓你用遠低於普通人的就學成本，取得大學學位。

打造優勢技能的破框思維

要取得學位代表你必須選定一條既定道路，並且投注資源，那麼假如你不上大學呢？假如你不想成為把錢都拿去被動投資的白領專業人士，那你會考慮學習某種專業，成為藍

---

③【編注】雙學分課程，指美國高中生於在學期間，可以修習大學課程。而在通過考核後，該學生既能拿到高中課程的學分，也能夠獲得大學所承認的學分。

領職人嗎？接著你可以再將自己的技能轉化為主動投資，好比建立小公司或是投資房地產，藉此獲得更高的潛在報酬，並掌握更大的主導權。如果你選擇財務自由的道路，那麼你可以擁有更寬廣的想像力與動力，創造自己的未來。

　　如果你決定了上大學根本不是你的菜，那麼你必須找到另一條道路，幫助自己獲得技能與知識。當個專業的藍領工人是個選擇，好比鍋爐員、營造與建設監工、電纜架設員、

電梯裝設與維修專員等，都擁有 5 萬美元以上的平均報酬，此外，上述職業都擁有兩位數的工作成長率。其他不需要學歷的高薪資公共服務工作還包括：執法人員、消防員、不動產專員（不動產經紀人、物業管理者）或業務人員等。很多時候，要在上述領域獲得優異成績，靠的不是學歷，而是證書，或是一連串基礎的在職訓練。

目前也有很多可以取代四年大學教育的另類選項，包括線上電腦程式設計課程，你可以透過此類課程獲得一系列完整的技能。這麼做除了可以省下四年制的傳統學位費用外，還讓你擁有快速適應與轉換的優勢。對於電腦工程領域而言，進展以分秒計算，你在入學時所學習的技能可能在畢業時就已經落伍了。到時你的喜好可能也有所轉變。

假如你對正規教育沒有興趣的話，查德‧卡森老教頭還提供了另一個例子。卡森透過體育獎學金進入克萊門森大學（Clemson University）就讀，當時他為橄欖球隊的後衛。他拿到一紙生物學文憑，並且開始準備申請醫學院，但是他對這決定猶豫萬分。接著他理解到，假如他真的花了時間與金錢上醫學院，接下來的二十年到三十年人生就已經被決定了，他必須花時間完成學業，並且設法把學費賺回來。

他想要另一種擁有更多可能、但沒有那麼確定的路。他放棄了花四年甚至八年的時間取得醫師資格，而是花時間培

養自己的創業技能並且成為不動產投資者。結果呢？他在 30 歲就達成了財務自由，此時，大部分的醫生正準備踏入職場，並還清上萬美元的債務。

我們無法知道你究竟該獲得何種技能與知識，才能達到屬於你的成功。不管你選的是什麼路，如果你希望比別人更有優勢，你就必須提升自己。唯有透過努力、思考與決心，你才有辦法取得有價值的技能，而不是盲目投入各項資源作繭自縛。如此，你才能擁有財務與個人自由，以便取得經濟獨立、有選擇權的人生。

行動步驟

1. **本章的建議方針端視你位在財務自由的哪個階段。**請再次檢視本章一開始所附的決策樹狀圖,思考你現在處在哪個位置。接著,請發展出一、兩種策略培養自己的專業技能與知識,以獲取更豐厚的報酬,但是也不要過分耗費自己的時間與金錢成本。

我無法參與每件事，但是至少我可以確保自己不要把力所能及的一、兩件事搞砸。

——海倫·凱勒

美國教育家

CHAPTER

9

人生增值術

低收入可能是讓許多人不敢追求財務自由的絆腳石。你必須控制消費，但是消費再怎麼低也有個下限。你不可能無止盡地壓榨自己。因此，讓我們重新思考一下儲蓄率算式：

$$儲蓄率＝存款／收入$$

存款就是把你的收入扣除掉支出後的金額：

$$存款＝收入－支出$$

我們可以將儲蓄率算式如此表示：

$$儲蓄率＝（收入－支出）／收入$$

勤儉可以讓你迅速存下更多錢；花得少可以讓你花少少的力氣，就達到極大的效用，好比繳納較少的稅額與節省大量保險支出。然而，你只能在一定的範圍內節省支出。

但你還可以透過提高收入增加儲蓄率。雖然消費有一定的下限，但是收入可沒有上限呢。

提高收入的基本原則

許多人都深信不可能提高收入，或是得付出龐大代價才做得到。然而，你難道不是得花上數年讀書，才取得高薪工作嗎？難道不是得背負學貸、小型商業貸款甚至房貸，才打造出收租的房地產投資組合嗎？我們確實有可能透過類似方法提升收入水平，但那也不是唯一的途徑。如此的想法僅僅反映了我們對於其他人如何以及為何賺錢的無知罷了。

上大學與獲得學位不是賺大錢的妙方。

擁有大學學位代表擁有雇主願意付錢換取的專業技能，好比擁有特殊技能的工程師、護理人員或會計師。上述專業人士擁有高薪工作的原因並不在於那一紙文憑，而是他們取得了特殊與高度專業化的技術，並吸引人付薪聘僱。他們為

　　雖然我畢業時已經背負著 16 萬 8,000 美元的貸款，但是我剛入行就有六位數美元的年薪。這不是偶然，而是我深思熟慮後所下的決定。不過回想起來，似乎有更多簡單的方法能獲得六位數美元的年薪。

　　我認為讓青少年可以進行高額貸款這件事實在太瘋狂了。背負 9 萬美元的學貸只為了求得一份 4 萬美元的工作，這種做法根本是財務自殺。諸如「讓每個孩子都可以上大學」的信念，使學子背負數十年的債務，如此想法實在相當膚淺。歸根究柢，背負學貸的人都有責償還債務，因此我們必須透過成本效益分析，好好檢視上大學的決策。

喬納森

其他人的生命帶來可觀價值。

其他人也從同一間大學取得學位，文憑上印著學歷。但是，他們卻發現自己被困在低薪或是與自己所學毫無相關的工作，因為他們透過學校教育所獲得的知識，並沒有受到社會的高度重視。

創業者與不動產投資者也面臨相同的狀況。儘管善用財務槓桿可以獲得加速成長與成功的機會，但是槓桿投資如同雙面刃，它會惡化壞的決策與想法，並為個人帶來災難。

成功的創業者與投資者的成就並不來自於承擔巨大風險。他們成功的原因在於提升自己的能力，並讓別人願意為此投資。查德・卡森老教頭就在「選擇財務自由」podcast裡談過類似想法。

一開始，沒有任何資金與經驗的查德・卡森老教頭透過不動產投資與創業，尋求財務自由。一般來說，沒有金援與經驗會讓許多人選擇放棄。不過他擁有強大的學習動力、成熟的工作道德與源源不絕的動力。如他所述，他就是個精力充沛、有著無數點子的「年輕小伙子」。他需要的是「金主」，也就是那些擁有資源與經驗，但是不願意再花太多時間與精力的老手。他專注於如何為對方帶來價值，並承擔對方不願意做的工作。他成為投資者與創業者的第一步，就是提升自己能帶給對方的價值。

賺錢並不是什麼複雜難解的科學，但財富確實也不會從天而降。許多人並不明白賺錢的基本原則。

事實上，提升自己的價值正是提高收入的基本準則。如果你想賺更多的錢，方法有很多。但是第一步都與提升自我價值有關。如果你希望成為可貴的人才，那麼你必須為其他人帶來價值。

最關鍵的投資

我們尚未進入本書的投資章節，因此請容許我在此概述一番。投資者總是喜愛提起複利成長的概念。你所賺取的收入多寡往往取決於以下三項指標：

1. 你所投資的金額（本金）；
2. 投資報酬率；
3. 讓資本成長與複利的時間。

不管是股票、債券還是不動產，我們所討論的各式各樣投資組合都適用於上述架構。但是投資並不僅限於實質資產，如果你想達到財務自由，那麼最大的資產是人力資本，而非金融資本。

我們所定義的財務自由為不需要為了工作而工作，但是透過工作所得的收益，正是達成財務自由的基礎。因此，你必須以複利觀點思考自己的事業，那才是你最關鍵的首要投資。

匿名撰寫「ESI 金錢」的部落格格主 ESI，原本為市值上億美元公司的總裁。他認為重點在於發展你的事業，並將賺取收入的能力極大化。他在「選擇財務自由」podcast 討論到，「你的事業正是百萬美元的資產」。他並以數學觀點解釋此說法。依據他的評估，若一個人的起薪為每年 3 萬 5,000 美元，一年平均加薪 3%，如此工作四十五年後，此人終生所獲得的工作收入約為 320 萬美元。當你理解到自身事業的價值後，就必須更進一步思考成長、擴展與極大化事業價值的必要性。

許多人迷迷糊糊，以為只要努力工作，就可以獲得公平的機會。事實上，世界並非如此運作。

即便世界如此運作，回過頭來，你還是會和主流價值觀的人一樣，被工作綁架終生。但是若能提升自己對他人的價值，並以此提高收入，進而將高比例的收入存起來，那麼你就可能更快地達到財務自由，並讓工作成為非必要的選項。

　　若想將事業複利化，那麼你就會面臨任何投資成長都會遇到的三項變數。既然對選擇財務自由的人來說，縮短工作年數是最大目標，那麼我們必須專注思考其他兩項變數。

1. 如何提高本金（收入）？
2. 如何提高投資報酬率（收入的成長）？

　　我老愛開玩笑說道，我完全不知道自己怎麼變成會計師的，我超級討厭這份工作。但是老實說，當我選擇以會計作為大學主修，並且為兩間國際會計師事務所，以及一間全球前五百大的私人公司工作後，我對現實世界有了徹底的了解，也更知道自己的所愛與所惡。

　　最重要的是，會計正是商業世界的語言，而嫻熟商務語言，讓我在創業一途更為得心應手。擁有如此專長讓我可以更周全地控制公司的財務，這點可是其他公司執行長不擅長的軟肋，但是我的會計知識讓我能以完全不同的角度檢視商業模式，並為我帶來成功。

　　經驗分享：當我創辦「里奇蒙存錢客」網站時，我知道這網站絕對不會像傳統網站一樣，透過足夠的瀏覽量賺錢（好比擁有上萬名訪客，並藉著他們點選廣告來賺錢）。

　　因此我以自己的會計師證照為招牌，專注於尋找「終生客戶」，並無償分享我的「刷卡累積旅遊回饋」經驗。我知道有些人一定會使用我所附的連結。我投資自己的事業，並將「里奇蒙存錢客」視為混合網路／真實通路的商業模式，而非簡單的部落格而已。

能快速達成財務自由的人往往擁有高收入的工作。很多人老愛談「跟隨你的熱情」或是「找到你愛的工作就可以飛黃騰達」。這些可以當作不錯的貼紙標語，不過真實世界從來不是如此運作。或許更好的想法為找到你有興趣的工作，並讓你賺到好薪水。那麼你可以把錢好好地存起來，快速達到財務自由，不管你最終是否仍舊喜愛你的工作。

你在 18 歲的所愛可能會和 28 歲截然不同。達到財務自由的目的不在於提早退休，並且永遠都不再工作。而是當你達到財務自由後，你可以選擇自己所愛，並且隨心所願地追求自己的熱情。

假如你喜愛自己的工作，那就持續地做吧。很多達到財務自由的人，都繼續著自己的工作。舉例來說，布蘭登經營的「瘋狂拳擊手」，算是財務自由社群裡最受歡迎的部落格。他提供了許多邁向財務自由的最佳路徑，讓人可以早早退休。但是當他達到財務自由後，布蘭登發現自己仍舊非常喜愛電腦程式語言。他持續工作了幾年，直到公司不再接受他遠距工作為止，當時，他人早已定居國外許久。

假如你已經不愛自己的工作，那你有自由擇己所愛；假如你想賺更多的錢，那你也有自由如此決定；假如你想做點根本賺不到錢的事，那也無所謂。當你不需要賺錢時，就不用再為了不喜歡的工作而折騰。

如果你選擇的第一份職業可以獲得高薪，那麼你就更有能力可以開始存錢或投資。不管你選擇什麼樣的職業，都必須認真談判到最高的薪資可能。當你加薪時，通常都會以你的起薪作為標準，因此起薪越高越好。你也必須調查在自己的領域中，相似職位的平均薪資。請注意你能為公司帶來多少價值，別只專注在撰寫美美的履歷或是面談禮儀上。請明確告訴雇主，透過減省他們的開支，或增加營收等方式，你可以為公司帶來多少價值。你也可以提出別家公司開出的更高薪資，假如雇主沒有反對的話，就以該薪資受僱吧。

讓我們回到那位前公司總裁 ESI 所舉的例子吧。假若一個人起薪為年薪 3 萬 5,000 美元，每年平均加薪 3%，如此工作四十五年後，此人終生所獲得的工作收入約為 320 萬美元；假設他起薪為年薪 4 萬美元，他一生可多賺 50 萬美元；假設他起薪為年薪 5 萬美元，那麼他的終生薪資將增加 140 萬美元。雖然這數字滿驚人的，但真正改變的只有起薪，並假設每年的加薪幅度皆為 3%。那麼假使你努力地快速增加自己的收入呢？

假如你身在一個自己完全沒有熱情的產業，但是其薪資足以讓你追求財務自由，那麼最好的選擇或許是保有這份工作，並且盡快達到財務自由。讓我們回到剛剛的例子。我們已經討論過增加起薪的重要性，現在讓我們來看看增加加薪

幅度所能帶來的變化。同樣地，假設此人起薪為年薪 3 萬
5,000 美元，如果他每年加薪 4% 而非 3%，那麼他一生的總
薪資將增加 100 萬美元；如果每年加薪 5%，那他一生將多
賺 230 萬美元！這練習滿有趣的，可惜的是，我們不可能每
年都加薪 5%。實在太糟糕了。

但樂觀點想，你的薪資成長率也不僅限於 3% 至 5% 而
已。假如你十分努力且計畫周全，或許可以讓薪資成長超過
於此。甚至，你可以掌控你的薪資所得。但是，這一切不會
憑空發生，你得管理自己的職業生涯。接下來的路可能會更
分歧，你得學會管理自己，以及管理你的雇主。

累積籌碼的自我管理學

努力工作很重要，但是更重要的是要聰明地工作。大部
分人都很努力，這讓你有份工作。如果你很幸運，那每年應
該會有 3% 的加薪。假如你身在繁榮發展的企業或產業，甚
至還可能得到 5% 的加薪。但是，你能仰賴幸運之神的眷顧
嗎？

相反地，你可以進一步增加自己的價值。這是增加收入
最可靠的方法。ESI 認為大部分人會做別人期待的事，但僅
有很少的受僱者非常主動地增加自己的價值。如果你不知道

如何提升自己的價值，不妨和雇主討論一下。ESI 指出，作為公司的總裁，很少人會展開這樣的對話，而他非常珍視願意主動對談的員工。如果你的老闆不希望你有這樣的提問，那或許是你該換老闆的跡象了。

還有一個可以增加自己價值的方法就是教育。這和之前談到的「駭出大學」概念一樣，你必須成為終生的學習者，並且持續培養能提升自己的技能。ESI 一開始的起薪為年薪 4 萬美元，他讓雇主為他付 MBA 學費，並在兩年內讓薪水翻倍。假如你期待的是 3% 左右的加薪，那也可以在……二十四年內讓薪水翻倍！財務自由社群的人也運用相同的策略。他們運用雇員計畫，以極小的成本獲得進階教育、進階訓練的機會，取得增加收入的籌碼。

我太太也有類似經驗，她的前雇主為她付了 MBA 與經營管理學碩士的學費，而她只出了教科書的錢。在本書的前面章節裡，我們提過藉由累積自身才能來創造獨特的價值。我們生活在找工作大不易的時代。很多人抱怨貪婪的企業主只在乎自己的獲利。但以我太太為例，她的專業技能與商業訓練讓她能找到自己最喜歡的工作，而且工作條件又棒，所以她能在財務自由的路上，提早退休。她怎麼找到這樣的工作呢？事實上，工作不是她找的。企業主透過獵人頭公司找到這樣的人才。如果你認為這是出於幸運，那麼她的前三份

工作都是如此來的。

　　你不需要將教育選項限制於正式學位。你有可能在相關領域取得證書嗎？或是學習可以為公司解決問題的技術，儘管此問題與你的職位無關。我個人的經驗為當我在擔任物理治療師時，亦同步學習投資。在做了一些研究後，我發現公司所提供的 401(k) 退休福利計畫實在不盡理想。大部分的小企業主都不擅長個人投資，更不用說為雇員找到真正理想的退休計畫方案了。他們選擇 401(k) 退休福利計畫是因為其他雇主都這麼做，所以他們就在一知半解的情況下做此選擇。我向老闆主動提起當時公司所選的方案會衍生高額費用。然而，我的態度絕非是跑進老闆辦公室裡大肆抱怨，而是勇於面對難題，為老闆提供解決方案。假如我們調整投資選項，將會為他、我以及所有員工都帶來好處。他同意我的說法，並大幅修改了退休福利計畫。老闆不但省下了大筆費用，同時也提升了所有員工的福利，包括我在內。讓自己學點投資概念，幾乎不花任何成本呢。

你希望為公司帶來更多價值嗎？你可以採取相似行動，改善你的公司嗎？

　　假如你希望提高自己的薪資，那麼最好增加自己的價

值。你必須主動為自己增加價值，並培養一系列的技能。但是，有時這樣還不夠。ESI 強調，雖然你必須開始關注自己可以控制的選項，但你也得慢慢將自己的守備範圍擴展到其他人力有未逮的地方。你不但得好好管理自己的事業，也得學會好好管理你的老闆。

提升價值的向上管理心法

「管理老闆」聽起來似乎有點操控感與邪惡。但是提出此意見的 ESI，本身就是老闆。他曾在事業生涯中管理上百位員工，而他喜歡懂得管理老闆的雇員，並建議你運用這個方法，增加自己的薪水。

懂得表現地超出預期，並且不斷為自己增加價值的人，往往能得到豐厚的報酬，好比大幅加薪、分享優渥的紅利，以及事業更快速地成長。但是努力工作還不是全部。你必須了解真正控制權力的人到底在乎什麼。你也必須設法讓這些人認可你的能力。

管理老闆的第一步是確保自己了解別人的期望值。當你對此越來越明晰後，請以量化且精確的方式列出重要價值清單。這樣不但可以消除模糊地帶，更讓你有明確的目標，知道如何為老闆帶來益處。你可以運用本書提及的概念，仔細

思考自己能為公司帶來什麼樣的價值。

　　當你了解他人的期望值後，你就可以超越期望值。你必須專注在雇主真正重視的領域，持續精進。假如公司的目標是將銷售額提升 3％，那麼你最好將目標設為 5％；假如公司以降低支出 10％為目標，那麼請你想辦法將支出降低 20％；假如公司希望你六個月內績效可以達標，那麼請你自己將時間縮短為五個月。如果你做得到，你就證明了自己擁有值得加薪的卓越能力。

　　把工作做得更好不代表你就會得到獎勵。因此，當你達成上述特定且量化的目標後，請讓你的老闆知情。這雖然有點像自誇或是把功勞攬在自己身上，但是請記住，這不過是一點個人廣告罷了。你就是自己的品牌，別人如何觀看你，代表了此品牌的升貶。你一定要強調自己已經超越了老闆所立下的階段性目標。這讓他們了解你確實是好員工，而且也讓他們開心。這也提醒他們，工作目標已經達成，因此他們可以專注於其他領域，以便進一步提升生產力。

　　這對任何老闆來說都很有效。如果沒效的話，你也有證據證明自己的價值不凡，所以不妨換個職位，甚至換個確實重視員工是否努力的老闆吧。

　　你能用來發展事業、賺取收入的首要投資正是人力資本。和其他多數投資不同，增進自己的收入不會帶來任何風險或虧損。對大多數的投資而言，你必須投入財務成本，並在承擔風險的情況下，希望取得回報。但是，投資自己的事業與發展個人資本只會為你帶來收益，同時讓其他人獲益。

　　請將你的事業視為投資項目，並且請記得左右複利方程式的三項主要因素為：成本、報酬率及投入時間。

　　假如你聚焦在找到高收入工作，並持續投資此事業，那麼你可以更快速地達到財務自由。

行動步驟

1. **請寫下你日常生活中的五個問題或煩惱。** 其他人有同樣的煩惱嗎？你能夠提供什麼樣的服務或產品解決上述煩惱，並為他人帶來可觀的價值？

2. **和老闆談談，**清楚了解老闆對你的職務的期望與目標。

3. **請找出一項你能在明年內擁有的技能，並且為自己增加至少 10% 的職場價值。** 開始培養這項技能吧！

4. **規劃一套方法和老闆溝通你的成就清單**（好比每週或每月的 email、季報告等等），並且將這個日子記在行事曆上。

5. **假如老闆沒辦法為你加薪，或是薪水不是你當下最看重的目標，請找到其他的談判目的。** 比方說，你的老闆可以為你付電話費或汽車帳單嗎？你可以與老闆商量要遠距工作，或是更彈性的上下班時間嗎？

我可以做你做不到的事，你也可以做我做不到的事。我們一起合作可以成就好事。

——德蕾莎修女

CHAPTER

10

高價值連結法則

重要的不是你知道**什麼**，而是你認識**誰**。這句老話不但人人知曉，而且確實描述了真實世界。撰寫《48 天找到你愛的工作》（*48 Days to the Work You Love*）的丹・米勒（Dan Miller）這麼寫，「78% 的職缺根本不會登廣告。」更糟的是，當某些職缺公告大眾時，早已有人搶先一步，取得資格了。你如果沒有好的人脈，那你只能有兩種方法面對這類訊息。

第一，感覺挫敗與失望。這是你不能取得先機、找不到好工作、無法賺不錯薪水的好藉口。你可以默默接受自己只能擁有這樣的人生，並且再次說服自己根本無法達到財務自由。

另一個選擇是開始建立自己的人脈，選擇你想要認識、

且需要認識的人，以讓自己洞燭先機。想想你要如何拓展人脈，認識這些人？當上述職缺出現時，消息會先在哪裡流動？有誰曾任職、或正落腳於你的夢想職位？你可以從他們身上學到什麼？這些都是創造財務自由需具備的成長心態。

要認識對的人，說起來很簡單。但是到底要怎麼做呢？那些有資源、權力與影響力的人，為何要關心你？假如你只關心自己、只在乎他們可以為你帶來什麼好處，那恐怕他們不會有意願幫助你。

撰寫「千禧革命」部落格的克莉絲蒂有個很有趣的說法。她在「選擇財務自由」podcast 裡說道，「我覺得在財務自由社群裡，大家都相處得很好，因為我們對彼此別無所求。你知道這些人聚集在此的原因很單純，他們也在乎你所在意的事，而不是為了私利所以想向你推銷什麼概念。」這也是我在財務自由社群所感受到的氛圍，不過這說得還不夠清楚。

我們可以採用同樣方法來經營人際關係。就算你還沒有財務自由，你仍是可以很真誠、真實並且善解人意，而且這些特質也有助於我們達到財務自由，因為我們同時也為他人帶來價值。有上述特質的人或許也容易擁有高儲蓄率，不會為了吸引他人目光，或是顯示自己高人一等，就把賺來的每塊錢都拿去揮霍。

但是有些人就是不懂其中的道理。很多人認為「人際網路」聽起來非常負面。有些人認為人脈就是遞遞名片、丟丟履歷，弄出口若懸河的樣子，以隱藏自己差勁的能力。但真正的人際網路指的是建立真實的關係。

請了解人際交往的黃金法則：用自己想要被對待的方式，善待他人。

所有的宗教都曾經訓誡過這番道理。這是流傳已久的真理。主持「喬登・哈伯秀」（The Jordan Harbinger Show）podcast 的喬登・哈伯用更現代的口吻解釋此番道理，他強調「永遠地付出」（always be giving），這正好和銷售員朗朗上口的「一定要成交」（always be closing）做對比。

黃金法則是一種道德規範，也就是即便在非互惠的狀況下，仍舊為對方設想。有了這種想法代表你隨時都願意為他人伸出援手，並在自己的生活中，種下美好的種子。然而有趣的是，如果你不停地付出，卻不求回報，總有一天，你會發現自己身邊圍了一群想要幫助你的人。

促成布萊德創辦「選擇財務自由」podcast 的原因，正是最好的例子。當時他熱切地想要讓其他人理解如何善用信用卡回饋進行免費旅遊，但是他卻不知道該如何定義自己的

商業規模。因此，雖然他當時仍為正職會計師，但是他會在午休時間，撥打兩通長達三十分鐘的電話，向其他人解釋如何運用信用卡。他並沒有向這些人收費。這當然是很糟的商業擴展模式，也無法快速地增長收入，不過，他卻建立了不少良善的人際關係與信任。他說，「我之所以可以成功經營三個不同主題的網站，特別是最新的兩個：『旅行里程101』與『選擇財務自由』，都和那段時間建立起的人脈有關。」

當你幫助其他人時，不用預設他們未來就欠你什麼人情。因為當你幫助其他人時，很自然地，他們也會想要幫你。這就是世界運作的法則。

找到生涯導師的關鍵

當你開始建立人脈網絡時，你會因為認識了各式各樣的人，而獲益匪淺。前美軍海豹部隊官員克里斯·福塞爾（Chris Fussell）在提摩西·費里斯的 podcast 上討論過類似概念。「你手上必須有張清單，上頭列出三類你隨時保持觀察的人，包含：你想仿效的資深前輩、你尊敬且工作表現更為出色的同僚，當然還有比你資淺的同行晚輩……而且他的工作表現比你當年好。」

　　導師是很重要的角色，因為他們已經抵達你渴望的位置。他們會關照你、與你分享過往經驗，並且指引你。當然你也可以透過嘗試與失敗學習到很多。但可惜的是，要找到有興趣幫忙、指導並指引你的導師，其實不是很容易的事。那我們可以怎麼做呢？

　　讓我們回到布萊德與喬納森尚未認識彼此，也並未一起經營「選擇財務自由」podcast 時的故事。在開始前，喬納森對經營部落格或 podcast 可說是一無所知。他把布萊德當導師，因此在他向布萊德提議合夥經營 podcast 前，他先想辦法讓自己為布萊德增加價值。他曾經在 podcast 中分享過自己的心路歷程：「你不可能簡單就說服那些已經徹底掌握門道的人。他們腦中已經有了完整的商業模式，所以他們不需要你，也沒時間配合你。但布萊德應該還需要一個可以為他經營、擴展新計畫的人。他還沒徹底成功，儘管他離終點線只差最後一步了。因此，我必須為他貢獻什麼，所以我獻上了我的點子和所有心力。」

　　無可爭議的是，如果你希望從別人身上學習或收穫更多，為他人增加價值絕對是重要且必要的。不管你是想直接地為自己增加收入，或是與可以幫助自己的人建立連結，方法很簡單：先為他人增加價值。

當喬納森第一次向我提議經營 podcast 時，我立刻被吸引了，不僅是因為他對此計畫的興奮，也因為在當時來說，幾乎沒有相似的計畫存在。然而，讓我點頭的最重要原因還是在於，我內心確實很想進行類似計畫。我一直想要分享財務自由的概念，但是卻找不到平台。當然，我因為教大家信用卡紅利旅遊省錢術，有感到一定程度的滿足，但我還有很多未完成的理念。也因此，我知道，冒點風險嘗試是很值得的。

經營網站或 podcast 的最大好處是成本微乎其微，而且我知道，就算計畫失敗了，我們「損失」的也只是自己的時間。

人脈投資學

　　科技是與他人連結的最好方法。社交平台像是 LinkedIn、臉書或 Twitter 提供了機會，讓我們能與許多人快速地建立連結。假如你每天花幾分鐘和幾個人建立連結，那麼一年下來你就可以打造出數百人、甚至數千人的人際網路。

　　雖然科技讓你可以很輕易建立連結，但是也會創造令人分心的社交災難。要在社交平台上累積上百個「朋友」很簡單。但是請記住，真正重要的是與人建立真正的關係，特別是你可以幫助或是能幫助你的人們。

　　當人們的數位世界擴展時，真正的人際關係反而變得珍貴而稀少。要想建立真實的人際關係，得花上更多的時間與金錢。儘管選擇財務自由意味著節儉地生活，但是更重要的是，我們必須以符合自己價值觀的方式花時間與金錢。要小心，不要省了小錢，賠上大錢。畢竟，要算出拒絕午餐邀約所省下的錢很容易，但是要算出失去社交機會的潛在成本就很難了。你必須要聰明一點。建立人際網路並不是每個月花幾百美元吃垃圾食物，然後閒坐著大肆抱怨辦公室政治，而是有策略地付出時間與金錢，與能為你的生活帶來正面影響的人建立有意義的關係。

一直到最近兩年我才開始懂得「人脈」的美妙。以前我一直覺得這兩字聽起來充滿了欺騙與不真誠。

但事實上，所謂的人脈代表與有著相同思維的人親近，互相幫助，並且保持友好無私的態度。理所當然地，當你維繫良好人際關係時，總有些好事會發生，你會在毫無預期的狀況下得到機會。

建立人脈有很多種方式。有些我自己的重要人脈來自網路上的同道社群，當然，在現實生活中實際碰面也可以增進不少情誼。當我感覺到這些人脈對我帶來的強大力量後，我也希望能為其他人創造類似的環境。這讓我們開始在全世界組織地方性的財務自由社群，提供想要追求財務自由的人彼此連結的機會。最後，我們在二十多個國家創辦了超過兩百個社團。

喬納森

作家與演講專家布萊恩・崔西（Brian Tracy）建議每個人「將收入的 3% 投資在自己身上，以獲得更好的未來。」作為價值主義者，我不喜歡漫無目的地花錢，但是我相當推崇自我投資的概念。我建議可以將部分的自我投資資源用作建立人際網路。做法有很多，好比和同事一起吃個午餐，或是花一筆錢參加論壇，而非用網路媒體學習新技能。這些方法都有可能幫助你建立起真實的人際關係，進而改變你的人生，而你僅花費少少的資源。

《一生無憂》（ *Set For Life* ）的作者，同時也是「更大口袋裡的錢」（BiggerPockets Money）podcast 的主持人史考特・敦奇（Scott Trench），曾經在「選擇財務自由」podcast 分享如何執行類似概念。他分享了一個自己在 20 多歲時，受邀與一群不動產投資大師開會的經驗。邀請他的是一位老先生，敦奇在公園裡和他聊天。敦奇知道能認識這些成功人士肯定是重要機會，他絕無拒絕的可能。在會議上，他向每位與會人士攀談，並邀請他們吃午餐，希望能有機會從他們身上學到更多。這些碰面讓他有成為成功不動產投資者的基礎技巧與信心。他的舉動也讓他結識了喬許・多爾金（Joshua Dorkin），也就是不動產投資教育平台「大口袋」（BiggerPockets）的創辦者之一，多爾金剛好跟上述不動產投資大師的其中一人，共用辦公室。這讓敦奇在「大口袋」

謀得一職，最終成為該平台的執行長。

如果敦奇省下那幾頓午餐，應該可以存個幾百美元，但是當他花錢請那幾位成功人士吃午餐，那些午餐成為價值不菲的自我投資。敦奇透過建立不動產投資組合與「大口袋」平台事業的高速發展，讓他在快 30 歲時就達到財務自由。

行動步驟

1. **寫下你所處的三個社交團體**，並思考本週能否做一件事，為此三個社群網絡貢獻更多價值。

2. **寫下在你的領域，或是你希望打入的領域裡，你最欣賞的一個人。**你或許不認識他，但希望可以與他產生連結。寫下你或許能為他帶來價值的五種方式，試著建立關係。

3. **本章中的哪幾個故事讓你最有共鳴？**假如你還沒有設法拓展連結，請試著透過對方的個人網站或社群媒體，踏出第一步。請自我介紹，並展開關係。

4. **請計算你收入的 3% 是多少？**然後在未來的一年內，用此金額建立新知、新技能或是新的人際關係。

PART 4

INVEST
BETTER

投資得更好

投資知識可以帶來最多收益。

——班傑明‧富蘭克林

美國開國元勛

CHAPTER

11

投資通識課

選擇財務自由的人來說，建立投資哲學或計畫是非常重要的一步。這也是我們在本書以大篇幅討論聰明投資的原因。當然，〈投資得更好〉篇章出現在〈花更少〉與〈賺更多〉篇章後面是有原因的。你的儲蓄，也就是收入與支出之間的差額，不僅是創造可投資財富的基礎，也是讓你達到財務自由的基石。如果你根本沒有足以成長與維持的財富，那麼任何投資知識對你而言無疑是毫無價值的。

當我開始追求財務自由時，還不明白上述道理。我相信唯有透過投資，才能創造財富。但我狹隘地認定投資太過複雜，理應交由專家決定。我相信自己不可能處理投資問題。

我的父母將自己的理財顧問介紹給我和太太，也因為這

一層關係，我們盲目地相信這位專家。由於自身的高儲蓄率，因此我們能夠投資的金額確實相對龐大。

之後我們才了解到，我們花了比預定手續費高了將近八倍的隱藏費用，等同於每年多花了幾千美元。此外，在專家糟糕的建議之下，我們每年都因為稅務計畫的缺陷再次耗損數千美元。加總起來，龐大的隱形成本與稅務計畫的紊亂，讓我們在一年內平白損失2萬美元。不過我們的失敗還不只一時，而是維持了約十年之久，最後我們才設法教育自己，進行理財規劃。因為盲目地相信專家，讓我們損失上百萬美元。

由於高儲蓄率讓我們可以投資的金額相當高，所以才會犯下代價高昂的錯誤。但是多數人都有跟我們一樣的思維盲點，導致投資失敗。我們很容易相信投資非常複雜、令人疑惑，而且不太可能自行操作。這是有原因的。金融業有絕對的動機強化投資者對投資的不安全感、恐懼與自我不足感。如此的焦慮與複雜情緒讓金融諮詢業者得以於市場保持活躍。於此同時，金融業者喜歡建議複雜的投資組合，以便索取高額顧問費，並讓投資人過度頻繁地交易，因為這樣有利於金融服務業者。

想成為成功的投資者，你必須建立堅實的基礎。你得先了解自己的投資策略，並掌握與投資息息相關的基本數學概

念。接著，你必須選擇出適合自身強項與能力的投資計畫，
以讓你有足夠機會達成理財目標。

致富三大因素

　　對主流圈子裡的人來說，他們多半聽取建議，將 10%
至 20% 的收入存進 401(k) 退休帳戶或其他退休帳戶。如果
你開始得夠早，選到好的顧問，一切水到渠成的話，可以提
早幾年就達到財務自由、安穩退休。但假如我們回到第四章
錢鬍子先生在〈提早退休背後的數學到底有多簡單？〉文章
中所提到的儲蓄率，那代表你必須花上四十年至五十年的時
間在職場搏鬥。

儲蓄率（%）	達到財務自由的年數
10	51
15	43
20	37

　　很可惜的是，很多人都無法存那麼多錢，這代表他們永
遠都無法達到財務自由。

　　讓我們來檢視一下與投資息息相關的三個數字，並且決
定我們可以創造多少財富。這三項數值分別為：

1. 你所投資的金額（本金）；
2. 投資報酬率；
3. 讓資本成長與複利的時間。

如果你在事業初期就開始存錢與投資，在主流的標準之下，你可以在四十年至五十年之間達到財務自由。但是這對於想要更早達到財務自由的人來說，就不適用了。假如你在40 歲或 50 歲才開始投資的話，那就更不可能。不管在哪種情況之下，你都無法掌握時間優勢。

如果你想盡快達到財務自由，就得提高投資金額或是在投資項目上獲得更高的報酬率，最好的方法是，兩者並行。在下面幾個章節中，我們將討論以下三種策略的各個面向，分別是：投資指數型基金、投資你的事業或是不動產。這會讓你更快達到財務自由。我們也將討論每個方法的優點與缺點。

最簡單的投資法

所謂簡單的方法來自柯林斯的著作《有錢的簡單方法》。此做法為運用傳統的有價證券（股票與債券），進行低成本的被動指數型基金投資。這個簡單的方法與非財務自

由領域所推薦的投資建議大致相符。只是一般會建議你將
10% 至 20% 的收入拿去投資，但若你運用本書前面章節所
建議的策略，將儲蓄率提升到 30%、50%，甚至超過 80%。
當你的儲蓄率越高，達到財務自由的時間就越短。

　　對有些人來說，這策略相當有效，特別是那些擁有高儲
蓄率的人（可能是因為收入高或生活簡樸，或是兩者兼
具）。這方法很簡單，因為你只要了解自己的投資項目、設
下合理的投資目標，並學習管理投資行為，如此而已。

身為執業會計師，我理當約略了解財報、市場等，不過每當我想起股票市場，就會感到一陣焦慮。股票總像是賭博，或是一種唯有透過「專家」的眼鏡，才能了解的賽局。

後來我發現了約翰‧柏格（John Bogle）的《約翰柏格投資常識》（*The Little Book of Common Sense Investing*）與柯林斯的著作《有錢的簡單方法》。我才理解到，基本上沒有人能四十年都超越大盤。此外，我學到的最重要的事就是，不可輕忽管理費用。如果要實踐「控制你能控制的」，那麼在投資領域裡，你能控制的就是降低管理費，這包括理財顧問的費用以及共同基金的總開銷費用（expense ratio）。

或許這聽起來微乎其微，可能僅占了 1%（其實這很嚴重吧），但是若拉長到四十年來看，它可能會吃掉你一半的複利總值。

目前，我很滿意自己所選擇的低成本全市場指數型基金，並每個月投入盡可能多的資金，我相信長久來看，我的表現將勝過任何「專家」，更不會承受高額費用所帶來的負面影響。

而實踐計畫的方法就是好好地上班、領到薪水，並盡可能將大部分薪水用作投資。動作一、動作二、重複再重複，財務自由遲早會到手。你主要透過控制儲蓄率，決定達成財務自由的時間。這讓你省下大多數的時間與精力，無須隨時隨地思考投資標的以及投資時機。

然而，上述方法也遍布挑戰。首先，你唯有擁有高儲蓄率才有辦法定期進行指數化投資。然而，對於低收入、背負學貸，或因其他私人狀況而無法達到高儲蓄率的人來說，除非先解決個人問題，不然實踐財務自由的速度仍會相當緩慢。

另一個挑戰就是你無法控制投資表現。儘管這項簡單的投資方式的魅力就在於它的被動性，但這也意味著：你必須接受市場報酬，並且相信未來的報酬表現仍能複製過去的績效。你仰賴大盤的表現，但自己卻沒有主導權。在最糟的情況下，股市的未來報酬不如過往。但即使在最好的情況下，認定市場表現可以優於歷史，恐怕也相當不切實際。這代表你最好的年獲利率約在 10% 至 12% 之間，而且一切都充滿了變數。

許多財務自由社群的人擁抱高儲蓄率、指數型基金投資與 4% 原則，以此達到更完美的生活。你可以不用依循傳統價值觀，耗費三十年或四十年的光陰拼命工作。對高所得族

群而言，以此簡單的方法達到財務自由僅需十年甚至更少的時間。

對某些人來說，這簡單的方法可能窒礙難行。不管是低所得、擁有學貸、有一整家子的人要養或是有其他個人的財務問題，都讓 30%、50%，甚至超過 80% 的儲蓄率，聽起來像是天方夜譚。假如你的家戶收入僅有 4 萬美元，那麼知道有些已婚夫妻可透過有稅務優惠的退休帳戶每年省下 5 萬美元，又有何用呢？也有些人曾經在股海失手過，因此絕不考慮回頭。有些人則是一直活在主流圈子裡，直到 40 歲、50 歲甚至 60 歲，才聽過財務自由一詞，但是真正困難的是，讓那些投資晚鳥進行改變、確實實踐計畫。

許多相信主流價值觀的人，對財務自由的概念非常懷疑。正面一點的，認為財務自由是生活非常優渥的人才可達到的美妙境界。比較負面的，則是認為財務自由是根本不可能達到的妄談。假如你只考慮最簡單的方法，那麼當然成效有限，但是為什麼要限制自己的路徑呢？

放大報酬的積極方法

更積極的方法是建立自己的公司。對於願意積極主動的人來說，優勢顯而易見。對比於被動仰賴金融市場，你可以

更積極地控制自己的投資成果。這代表你的報酬無限。相較於股市的年化報酬率（10%），你可以在一年內投注對的點子、心力與時間，賺取十倍以上的報酬。事實上，當你投資自己的事業時，報酬是沒有任何限制的。

積極的做法能讓你將所有心力轉化為報酬；有價證券則代表你得先有一點資本，接著製造複利。此外，投資自己的事業代表你用自身的點子與心力，創造價值。你個人的成本將擁有無限的成長潛力，並以極高的速度擴展。

投資自己的事業代表你能夠運用槓桿以小搏大，增加收益。許多人認為槓桿代表債務及風險，但這不完全是事實。畢竟，運用槓桿發揮綜效的方式有很多種。好比說，你可以出書、開發出一個能夠設計 T 恤的 app，並大規模地銷售；你可以雇用多名員工，結合眾人之力創造更大效益。事實上，找到能放大回報的槓桿能為你創造遠比有價證券更為龐大的報酬。而聰明地運用槓桿也能讓你在不冒進的情況下達成目標。

投資自己的事業也讓你比受僱者享有更多的稅務優惠，包括：擁有額外的延稅投資帳戶、將稅後的個人支出項目移轉為可抵稅的業務支出，以及更有利的稅率結構等。

但是此道路自然也有缺點。如果事業失敗了，那麼你必須承擔財務損失。確實，世界上最富有的人都擁有個人事

業。但是，也有很多公司在開始獲利之前，就宣告倒閉。選擇簡單的路徑可以讓你收到預期的薪水，並投資數千家財務健全的公司，讓投資組合多元化。而主動積極的方法則意味著你將所有雞蛋都放到同一個籃子內，而且沒有人可以保證此舉將帶來任何收入或成長。

追求財富的第三種方法

選擇財務自由的人往往會選擇第三種方法，此方法結合了上述兩種做法，那就是投資房地產。

不動產的某些層面和被動型指數投資相似。比方說，股票與債券會產生被動收入，好比股利或利息；不動產投資則會帶來房東收租或貸方利息支付等固定收入。當你找到好的不動產標的並且與對的對象合作後，即可獲得不錯的被動收入。買股票代表你相信該公司將會隨著時間變化而成長；不動產的價值與租金則往往超過通膨率。這讓你的投資產生被動型成長。不過，如同其他被動型投資，你必須擁有資金或是借貸才能獲得此項資產。

房地產也具有許多小型企業的特質。它有避稅效果，也讓你可以發揮財務槓桿作用，並能透過自己的知識和努力來擴大報酬。你必須先行研究才能找到好標的，並由自己或雇

用他人來控管、維持房屋狀況。而找到對的房客，汰換掉惡質房客，也是投資的重要部分。基本上，你所投資的項目與質量，以及管理風格與管理績效，都會影響不動產投資的成效。

相較於被動投資，不動產投資者可以透過上述方式獲得更高的報酬與收入。但是請記住，不動產投資非被動投資，它與小型事業相仿，都需要投注比被動投資更多的心力。

打造多元被動收入策略

在起步時，選擇單一投資策略可以避免過多干擾因子，但是請記得你不需要執著於單一投資管道。你可以混合多種投資策略，以加速達到財務自由，或同時運用多種方法，並隨時轉換，只要符合自己的需求即可。

假如你才剛開始執行財務自由計畫，那麼第五章介紹的「當房東收租金」或許很適合你。請記得，當房東收租金代表買下一戶多房的房屋，並住在其中一間，爾後將其他房間轉租給房客。這讓你減少自己的居住成本。如果一切順利，你或許可以得到小筆的利潤。當房東收租金讓沒有太多資本的人也能投資不動產，並將購屋成本轉嫁到其他租客身上。同時，你可將原本應該用於購屋的資金轉做指數型基金投

資。這讓你同時運用多種策略，加速達到財務自由。

　　或許你擁有高所得工作，並自提最高金額至多個稅務優惠存款帳戶，這代表你已踏上財務自由之旅。那麼你每年可以規劃購屋資金，並開始投資房地產事業，以達節稅目的。另一個選項則是在正職工作之餘，經營其他副業，運用心力創造新的資產，這也能讓你提早達到財務自由。

　　在實踐財務自由的路上，你可以不斷變換投資策略，甚至混合多種策略。這正是我的做法。我和太太運用這簡單的方法達到財務自由。一開始，我們不知道有其他選項。我們在事業發展到一定階段以後，才開始學習投資。當時我們的儲蓄率非常高，並且有一個小孩。因此，我們很自然地選擇被動投資，並運用自由時間，好好享受生活。當我「退休」以後，我不再需要用時間換取收入，但壞處是，我沒有多餘的資金進行被動投資。不過好處是，我有更多的時間創造新的現金流。我選擇架網站，賺取新的收入。而出版此書也讓我用非常少的投資成本，創造潛在的長期現金流。（很感謝購買此書的讀者。當然如果你是從圖書館或朋友那兒得到此書的話，你真的非常懂得省錢。）我也期望將有價證券轉換為不動產投資，以將投資多樣化，而這也會帶來更高的預期報酬。同時，我也會繼續學習新的技能、建立人脈，並持續為自己樹立目標。

在本章中,我們介紹了財務自由社群適合運用的最佳投資選項,以及單獨或同時運用上述策略的方法。在下一章中,我們將深談每種選項。

指數化投資是達到財務自由的超強武器。柯林斯稱指數化投資為「簡單的方法」,此言確實不假。只要將 50% 的收入拿去投資低成本的指數型基金約十至十五年,你就成功了!

創辦「選擇財務自由」podcast,以及在過去兩年內跟無數創業家碰面的經驗,讓我對創業者的能力大開眼界。同時也讓我了解到,儘管我還沒財務自由,但創業能讓我提早享受財務自由所帶來的好處:因為做自己的老闆意味著我可以徹底掌控自己的時間。

喬納森

在第五十九集的「選擇財務自由」
podcast，文森‧普格利茲（Vincent Pugliese）
介紹了「紅月分」的概念，讓我恍然大悟。假
如我希望用四週陪家人，我可以在行事曆上標
注紅色叉叉，接著再倒推所需工作時間，以此
安排行程。我不需要去請示主管，然後等資深
同事都請完假以後，再看剩下的時間是否符合
我的需求。我為我在乎的事下功夫，而且也覺
得自己是在為更遠大的意義奮戰。更美妙的
是，我的收入因為我的努力而有高度的成長可
能。畢竟，一份正職工作每年可能只有 1% 至
3% 的加薪幅度，但自己的事業很可能每週都
有所成長。

這些可衡量的結果，都讓創業成為可以考
慮的實際選項。雖然一開始我仍舊無法放棄正
職工作，但我確實知道創業的可觀價值。我深
信創業的力量能加速我們達到財務自由的速
度，並在累積到足夠的資產前，就為我們帶來
豐厚的收穫。

最棒的是，你不必局限於單一選擇。人生
就是你個人的一場冒險。我仍舊投資指數型基
金，但我也創業，並創造出可運用於投資的收
入。

行動步驟

1. **決定好適合自己財務需求與生活風格的投資方式**。然後,在閱讀下一章時,思考如何把相關概念加到自己的投資計畫中。

2. **重讀第四章、85 頁的表格**,並複習在不同儲蓄率下,各需多久才能達到財務自由。請計算若運用簡單的指數型投資,你需要多少年才能實現財務自由。你覺得合理嗎?還是你需要改變投資方式,或是試試其他方法?

投資絕對沒有看起來那麼難。成功的投資在於做幾個對的決定，並且避免嚴重的錯誤發生。

——約翰‧柏格
指數型基金教父

CHAPTER

12

成功投資原則

許多人認為投資很難。我也是這麼想，於是聽從了糟糕的建議，犯下代價高昂的錯誤，延緩我達成財務自由的時間。許多人認為好的投資者必須擁有極為純熟的技巧並得花費大量心力。你必須做功課，找到最好的股票、債券、ETF 或共同基金，這樣你才知道何時該進行買賣。如果你不知道方法，那麼你得找個聰明、有天分的高知識專家，手把手地帶你或是幫你投資。但這根本是錯誤的想法！

假如你選擇最簡單的路徑——投資指數型基金，那麼你根本不需要擁有任何特殊技巧，也不用花費太多的心力在上頭。事實上，認為自己只要掌握投資技巧就能獲得更好的投資報酬，這種想法真的大錯特錯。你該做的，是好好過你的

生活，並讓投資項目自行成長。

　　柯林斯所撰寫的投資法則，對於許多財務自由社群的人來說相當受用。他的《有錢的簡單方法》一書來自他網站 jlcollinsnh.com 的系列文章（請掃描此 QR Code： ）。

　　在我剛入社會時，投資根本不是我考慮的事。假如我沒有接觸到柯林斯與他的股票系列文的話，我恐怕會每年繼續花上大筆費用雇用理財顧問。這可能會給我的投資生涯帶來數萬美元、甚至數百萬美元的損失。

　　我了解指數化投資是辦得到的。我不需要打敗市場，只要跟著大盤走就好了。事實上，即便最優秀的專家也很難長期持續打敗大盤，這更鞏固了我對指數化投資的看法。

　　請觀察一下十年、二十年，以及三十年來的市場走勢。重點在於加入市場，並且忽視混亂的訊息。我從沒後悔過。當市場好的時候，我很開心。當市場下跌，我知道將可買入。恐懼自此已與投資無關。

喬納森

這系列文章是在他企圖和大學假期間返家的女兒溝通理財知識失敗後，所寫下的一系列給女兒的信。當時女兒打斷他的話說，「我知道理財很重要。我很重視錢。我知道我需要錢。但我現在不想想它，也不想管這事。」

根據柯林斯的說法，當他把那一系列文章冠上「股票系列」，並且分享在部落格以及《有錢的簡單方法》一書中後，他的人氣便扶搖直上。他開始收到其他資深投資者的回應。大部分的專家認為他的建議很適用於根本不想花心思在投資上的人，好比柯林斯的女兒。然而，柯林斯認為，雖然這聽起來很像恭維，但它也暴露了我們一般人常有的弱點。事實上，柯林斯不只口頭提倡指數化投資而已，他也付諸實踐，他說：

如果你認為花一點精力，或是很多精力，可以得到比指數化投資更好的結果……那我也願意做啊。

簡單的指數化投資法則讓你可以獲得比多數投資者更好的報酬。這方法的最大好處在於，你不用花太多時間與精力在無謂的事情上，並擁有更多時間享受人生。只要有高儲蓄率，以及簡單的投資方法，就能讓你快速達到財務自由。

柯林斯的一個相當具有爭議的想法是「市場永遠會往上

走」。任何有在關心新聞或是讀報紙的人，都知道這不是事實。在一週的任何一天裡，市場都有可能往上攀升或下跌數個百分點，甚至更多。這代表了數億美元的獲利或損失。歷史上道瓊工業指數曾經在「黑色星期一」，也就是 1987 年 10 月 19 日，暴跌 22.6%。如果觀看任何股票的單日、單週、單月，甚至一年的表現，你會看到如同心電圖一樣的高低起伏曲線。

但假如我們觀看長期的股票市場表現，好比五年表現好了，線條看起來則大不相同。我們看到的將不會是看似偶然的高峰與低谷，而是較為和緩的、具有單一方向性的線條。如果我們觀看股市十年、二十年、甚至是五十年的表現，那麼同樣的股票價格曲線也會大不相同。不過，所有的跌宕起伏將會相對和緩，並且持續地向上往右發展。

隨著時間的推展，股票市場確實持續往上攀升。這不是意外。短期的股票走勢代表投資者的錯誤行為，那些都與恐懼與貪婪有關。但是長期的股市走勢則與經濟環境有關，並由經濟成長與通膨主導著。當你投資指數型基金，你購買的是數間公司的股份，總言之，是整體經濟走勢。另一方面，任何單一的公司都有可能失敗，或是終將失敗。對單一公司而言，最糟的狀況是市值完全歸零。同時，他們將被成長率達 100%、500%、甚至 3,000% 的新公司給取代。畢竟，成

長是沒有上限的。

購買指數型基金代表認定市場將會持續成長與蓬勃，儘管許多人認為這不會是唯一的結果。畢竟，以歷史觀點來看，社會與經濟體系都有可能崩潰。雖然此說法為真，但是我不會以最糟、可能永遠都不會發生的狀況進行決策。

假如有一天，經濟徹底崩潰且毫無恢復的可能，我們的社會也將因此崩塌。如果事情真的發生了，政府有能力確保債券價值嗎？你的小公司還可能運作嗎？不動產還會有其價值嗎？（我們還可以擁有私人財產嗎？）而且，若真的發生了最糟糕的情況，我們應該也不會擔心投資策略了吧。如果你以「黑天鵝事件」作為擬定計畫的基礎，那麼你應當投資電池、瓶裝水與子彈。

真正獲利的投資策略

另一個想法是，假如有些公司的市值會徹底蒸發，有些公司會蓬勃發展，那麼投資的關鍵應是汰弱留強。但這個做法有一個缺點：缺乏一致性與可預期性。

標普道瓊指數公司（S&P Dow Jones）每年會公布「標普指數與主動投資對比」（S&P Indices Versus Active，SPIVA）的報告。此份報告比較了一系列標普編製的指數與

主動管理的共同基金，企圖找出最好的投資選項，以期透過買賣交易，打敗市場。年復一年，報告結果非常近似：指數型基金比多數主動管理的基金表現更為優異。要打敗市場代表得花時間與精力進行研究，也代表得負擔買賣股票時所產生的費用與稅額。

　　大量的證據顯示，僅有極少數的個人與少數的專業基金管理者，可以持續打敗大盤。就算有人可以打敗大盤，你也很難預知誰會是終極贏家。你最好的投資策略是買入低成本的被動指數型基金，並且持續擁有，以減少交易費用、管理費用與稅額。當先鋒集團（Vanguard）創辦人約翰・柏格向大眾介紹指數型基金投資時，他提到成功的投資「在於做幾個對的決定」，而這就是其中之一。

　　柏格在《約翰柏格投資常識》裡，用一句話點破深信能選到超強股票的錯誤邏輯，「不要大海撈針，只要買下大海就好了！」有些人認為柏格過分推崇指數型基金。沒錯，有道理。那麼這個世代最有名的投資者、靠著選股能力致富的巴菲特怎麼看指數型投資呢？針對該如何在他過世後處理資產，巴菲特於 2013 年的致波克夏股東信指出，「我給受託人的建議非常簡單：用 10% 的現金購買短期政府債券，另外 90%投資低成本的標普 500 指數型基金（我的建議是先鋒集團）。我相信運用此策略，長期投資績效將會優於支付

高費用、請經理人管理資產的多數投資者，不管它們是退休基金、法人或散戶，都難以勝過此表現。」簡單來講，巴菲特推薦先鋒投資。我同意他的說法。

另一個投資者常犯的錯誤是認為自己可以掌握進出市場的時機。假如市場上上下下，那麼為什麼不逢低買進、逢高賣出呢？這不是很有道理嗎？這讓你可以賺取市場成長時的報酬，並且避免虧損。假如可以這麼做當然很好。但可惜的是，我們不可能永遠都能買低賣高。

我們知道市場會上下波動，也知道市場基本上反應了企業體的經濟狀況。但是恐懼與貪婪操縱了市場的每日波動。這些行為相當不理智，也無法預測。這讓我們很難正確掌握進出市場的時機。要預測股市會漲還是跌很容易，但是要抓出準確的漲跌時機與預測市場的漲跌幅，就很困難了。要持續地正確預測，更是難上加難。

許多投資者運用其他方式企圖打敗市場，好比主動選股與擇時進出市場。但是也有很多人跑到拉斯維加斯賭場玩吃角子老虎、二十一點或是賭輪盤。多數的賭客賭自己會贏，但是以統計學來說，他們輸的機率比較大。請你當個投資者，而不是賭客。

提高投資勝算的基石

讓我們回到本章的開頭，柏格說，「投資絕對沒有看起來那麼難。成功的投資在於做幾個對的決定，並且避免嚴重的錯誤發生。」幾乎所有投資者所犯下的嚴重錯誤，都肇因於不良的行為。你必須熟讀歷史，以避免重蹈覆轍。而避免錯誤行為的最好方法就是建立一套系統，讓此系統能不受你個人及情緒因素影響進行運作。當個被動投資者的其中一步就是承認前路艱難，你偶爾會有不錯的運氣，認清此事實，然後大步向前。

能達到此境界的最好方法就是專注在你可以控制的事情上，特別是賺取更多收入、降低消費，以達到高儲蓄率。接著，你可以將大部分的儲蓄拿去投資。當市場上漲時，你的投資項目將會獲利。當市場下跌時，你可以加碼買進股票。不管市場如何變動，你仍朝著財務自由的方向前進。

多數的投資者害怕市場下跌。當然，努力賺錢、存錢、投資，卻看到資產價值跌落，真的是很糟的感覺。但事實上，對於期望並努力達到財務自由的人來說，市場下跌是好事，因為你可以低價購買更多投資項目。而當市場上漲時（也請記得，市場總是會往上走的），則意味著你的投資會有更多的成長空間。

投資者能犯下的最大錯誤，是反其道而行。

現實生活中，人們為折扣感到興奮，這讓他們也想買。然而，在股票市場裡，人們卻在股票打折時變得恐懼並且停止投資。

通常當零售商品價格變貴時，人們會感到沮喪，並且減少購買。但是當股市上揚時，人們反而狂熱地想像自己將大幅獲利，並加碼買進。他們在錯誤的時間點購買股票，此時價格早已攀升。恐懼與貪婪驅使人們做出不理智的舉動，並讓市場在短期內無法預期，而要擇時進出市場更是難上加難。

儘管控制行為看似簡單，要做到卻很難。然而，避免毀滅性的行為是投資理財的基石。這代表擁有持續性的計畫，規律地買入、將投資決策自動化，並且撇除個人的思考運作。另一個不變的態度，則是接受風險。

投資關鍵原則：風險管理

任何投資都伴隨著風險與報酬。若要避免風險，你可以將錢放到任何有美國聯邦存款保險公司（Federal Deposit Insurance Corporation，FDIC）擔保的銀行，確保自己不會

損失分毫。當然，這也代表此筆資金無法為你工作，更難以複利成長。但是每件事物的價格，不管是麵包、汽車、大學學費，都會隨著通膨而上升。假如你的存款無法抵抗通膨，那麼它等同於貶值。這讓你得試著承擔一點風險，讓投資增長。

但同時，你也不希望承擔過大的風險，以至於無法達成理財目標。當人們討論有價證券的風險時，他們討論的其實是波動性。波動性與風險不同。當你累積財富並且準備達到財務自由時，波動性能為你帶來益處。它讓你在低價時買入更多股份，但是波動性也會帶來真正的風險。

第一層巨大風險來自人們過分信任自己在波動期能控制行為。當市場下跌時，看到自己的資產虧損 10%、20%，甚至 50%，著實令人難以承受。更糟的是，你不會知道價格已經見底還是會低至何等程度。請記得，你還沒有輸掉任何資產，市場永遠會回升。但是當你失去理智並且賣出時，事情就改變了。通常那種在恐懼下賣出的人，會抱持著那份恐懼，並且在市場回升前都不會再回來；有些人將永遠告別市場，而這造成真正的損失與風險。

第二層巨大風險出現在你已達到財務自由，並且期望仰賴投資組合過日時。在這種狀況下，你必須賣掉投資項目，獲得現金，以支持自己的生活。如果市場崩盤，你得賣掉更

多的資產才能獲得等額的收入，這讓你有可能在人生的最後階段，失去經濟來源。

　　管理風險的最重要步驟是進行合宜的資產配置。這代表持有其他金融商品，好比債券。股票擁有高收益，但也有較高的波動性；債券的報酬雖然較低，但波動性也較低。真正的關鍵在於找到能讓你達到目標的最佳組合，並遠離過高的波動風險，以及在錯誤的時間點出於恐慌或實際需求而賣出。

　　柯林斯的簡單方法為在累積財富的過程中，僅持有一檔商品：包含美國所有上市公司股票的全市場指數型基金。這可能會讓你一路非常顛簸，波動性不算小。但是若我們能從歷史中汲取教訓，那就是你將可以得到高額報酬。當你的人生已經來到必須仰賴投資組合過日時，柯林斯建議你加買總體債券市場指數型基金，以降低投資的波動風險。你也可以依照自身的人生規劃、財務需求與投資習性等，自由選擇將債券納入投資組合的時間及部位比重。

　　或許有人會認為應當要擁有更多元的投資組合。比方說，柏格頭信徒（Bogleheads）與柏格的追隨者們便提出了「懶人投資組合」，其中一個例子就是頗受歡迎的「三基金投資組合」（Three-Fund Portfolio），此組合意味著除了投資美國股票市場指數型基金外，再加上國際股票市場指數型基金與美國債券市場指數型基金，以增加多樣性。而另一個

選擇則是投資教育者保羅・馬里曼（Paul Merriman）所提出的「終極買入與持有資產組合」（Ultimate Buy and Hold Portfolio），該組合包括共十檔的股票型基金與債券。上述投資組合可以增加不同的資產類別，包括國際基金、不動產投資信託基金（REITs），或是將資金投注於小型股或價值股上。

通常，多數人會在此時因投資的複雜性而感到非常疑惑與沮喪，並且被多種分析搞到暈頭轉向。當然在起步前研究各種投資組合是明智的，但更重要的是認清上述的策略其實非常相似。你只要掌握大方向就好。而低成本且擁有稅務效率（tax-efficient）、不會造成稅務負擔的指數型基金最有可能讓你成為成功的投資者。我們不可能知道未來最優質的資產配置為何。然而，更重要的是選擇你能理解的投資組合，並且持之以恆，而非追求空泛的「最佳」投資組合。

在之前，我們討論過買低賣高，但是我們不可能每次都掌握最佳進出市場的時機。擁有多項資產類別的好處是，我們能夠定期檢視各資產的比重，並進行再平衡。我們的目標是設下資產配置比例，好比 80% 的股票與 20% 的債券。接著，如果一項資產表現得較為優異，你可以將表現良好的資產賣出，並買進表現較為拙劣的項目，以調整回原先設定的資產配置比例。

定期（好比一年）再平衡、重新調整投資組合的配置，能讓你規律地賣出上漲的資產，買入處於相對低點的資產。這讓你擁有非情緒性的控制風險機制，並排除部分人為障礙。當你賣掉表現良好的資產時，你將可以買入表現較差但預期價值高的項目，以提升投資獲利。再平衡的方法讓那些想動手對投資項目「做點什麼」的人有事可做，而且應該也會為他們帶來好處。

打造穩定現金流的 4% 法則

透過儲蓄、理財以建立投資組合的目的在於，你可以不用出門工作，就能賺錢維生。但要賺到多少才夠呢？針對這個問題，財務自由社群以 4% 法則作為回應。

根據股票與債券的歷史資料顯示，人們建議你在開始退休時，每年提取投資組合的 4% 當作生活基金。你可以依照通膨狀況小幅修正每年提取的比率，但基本上來講，你將一生無憂。而當我們倒推 4% 這個數字就會發現，將個人年支出乘以二十五倍所得出的數字，就是你的財務自由資產。舉例來說，假如目前你每年總消費為 4 萬美元，並且期望維持如此的消費水準，那麼你將需要 100 萬美元的投資組合（$1,000,000x 0.04 = $40,000）；如果你每年總消費為 10 萬

美元,那麼你將需要 250 萬美元的投資組合;如果你只需要
3 萬美元,那麼 75 萬美元的投資組合就綽綽有餘。

4% 法則對那些選擇「簡單投資方法」的人來說,相當
有指標性。但是這只是起步而言,實情沒有那麼簡單。

要選擇簡單的方法進行投資,你不需要擁有財務金融學
博士學位,不過真有這學歷也不錯,或是認識任何財務自由
社群的財務金融學博士也是一法。我說的正是卡斯登‧伽斯
科(Karsten Jeske),也就是 ERN 大佬。他撰寫「現在立
刻退休」(Early Retirement Now)部落格,也喜歡確切、
人人適用的財務自由數字的概念,但在研究之後,他發現這
種數字根本不存在。

ERN 大佬用很簡單的比喻解釋這概念。他說想知道需
要多少錢才能達到財務自由,就好像是期望算出從你家開車
到機場要多久一樣。而 4% 法則等同於運用 GPS 估出從你
家開車到機場的平均時間。這讓你對車程有個大概印象,但
是真正的駕駛時間與該日車流量與其他因素息息相關。如果
你在接下來的二十四小時內,每小時派出一名司機駕駛同一
條路線。有的在凌晨三點出發,一路無人無車,他將很快抵
達目的地;有的則在尖峰時刻出發,過了很久才抵達機場。
當然,其他人或許在車流量正常的時候出發。平均駕駛時間
能讓你粗估需要開多久才能到達目的地,但由於我們無法知

道你實際的離家時間與每個時間點的特殊狀況，因此你還是有可能提早抵達機場，或是徹底錯過班機。

要想算出財務自由需要多少錢，也是差不多的狀況。畢竟，股票市場不斷變動，利率一直升降，通膨率也是個變因。有些時候你可以比其他人更早抵達機場，但也有些時候你可能花費超過 4%。同樣地，就像有些人會在尖峰時刻塞在車陣裡，你也有可能花不到 4%。

假如很不幸地，你在很差的時機退休，並且在股市衰退時盲目地將投資組合變現，以展開退休生活，那麼你很有可能會提早將錢用完。這正是所謂的「報酬順序風險」（sequence of returns risk）。我們必須不斷學習、保持彈性，並且隨時準備好面對眼前狀況。ERN 大佬建議我們運

　　對我來說，要實踐財務自由就一定得保持彈性且心胸開放。即便我現在已經財務自由，不需要工作賺錢，我還是保有相同的提款原則。

　　我不喜歡說教，這也是為什麼財務自由社群老愛暱稱 4% 法則為「4% 經驗法則」。當然很有可能按照 4% 提領策略，你可以安穩地過完那三十年、甚至更久的人生，但是我可不會把這當作必須死守的黃金法則，而忽視眼前的變動。

　　這就是為什麼我為自己建立彈性原則的原因：

1. 我是以更保守的 3.5% 提領原則來計算自己的財務自由數字。
2. 當我計算年消費金額時（計算自己的財務自由數字的第一個步驟），等同建立了心理緩衝，這讓我可以更節約地生活，並刪減一些根本不會影響生活品質的花費。

用「4% 經驗法則」起步。然後，評估現況、避免太急促地做出重大理財決定，而拖累財務自由的腳步。

雖然 4% 原則並不完美，但是請將之視作可以彈性校正的準則。4% 法則還有更多的隱含意義。

首先，4% 法則是基於不同時期的市場報酬所推算得出的。當你投資指數型基金時，你等同接受市場報酬率，而非企圖打敗市場。這是很聰明的選擇。畢竟，大部分想要打敗市場的人都失敗了。但是，如果你沒有投資指數型基金，那麼 4% 法則的相關研究對你來說並不適用。

其次，4% 法則也與投資費用有關。比方說，共同基金平均每年會從每筆資產中扣除 1% 作為管理費，而投資顧問的年收費也大約為資產之 1%。投資費用多半以資產的百分比來表示，而非實際金額，以讓數字顯得小一點。然而，若透過 4% 法則重新架構投資費用，那麼儘管「只」花費 2% 投資費用的人，能擁有多餘的 2% 進行他用。但那些「只」花 2% 資產作為投資費用、退休存款有 100 萬美元的人，每年只能提領 2 萬美元出來花用，因為另外的 2 萬美元正是投資費用。在此情況之下，有些人得存 200 萬美元，以支付每年 4 萬美元的生活費，以及 4 萬美元的投資費用。現在，你還會覺得那 1% 或 2% 是個小數字嗎？

如果 4% 法則和報酬順序風險都對你不利，那麼你或許

得考慮只從投資組合中提領 3% 作為消費支出。但是，
「只」付 2% 的資產作為投資費用，代表你將拿三分之二的
現金作為相關支出，而只能將三分之一作為生活費。

　　投資指數型基金讓你可以用極少的費用進行投資。在美
國，指數型基金的費率約為 0.1%，甚至更少。假如整筆投
資組合價值 100 萬美元，那麼 0.1% 的費用為 1,000 美元。
如果你能了解 4% 法則，那麼也可以趁機了解所謂的小額管
理費用，將帶來多少負擔。

　　4% 法則不只強調投資費用，也彰顯出消費支出對達到
財務自由的深刻影響。如果你每年消費 1,000 美元，那麼你
必須累積 2 萬 5,000 美元的財富，以達成 4% 的提領比率。
我們還可以進一步地檢視，你需要擁有等同於月消費三百倍
的財富才足以達到財務自由（25 x 12 = 300）。當你理解這
數字以後，能大幅影響你未來的消費決策。假如在超市購物
時更有效率、少外出用餐、更換手機資費方案與退訂第四
台，可以減少月消費近 100 美元，這是否值得呢？幾百美元
聽起來不多，但是讓我們換個角度思考問題：假如必須延長
工時，才能存下 3 萬美元，以期每月可以出去吃一次大餐、
使用更昂貴的手機資費方案或是看第四台，你願意嗎？作為
價值主義者，你必須自己回答問題。而理解消費對你達到財
務自由的速度的影響，將會改變你的決定。

投資最重要的常識

本書並不是投資教戰手冊，本章的目的在於幫助你學習關於股票市場或債券市場指數型基金的投資入門知識。我們的重點在於釐清那些讓人對投資卻步、感到迷惑的技術面問題。事實上，你可以透過購買並持續持有單一指數型基金，就成功理財。相較之下，許多人想投資卻不得其門而入，或是付出太多代價購買不需要的理財服務與商品。

同樣地，有些人投資失敗是因為忽視了情緒與行為干擾因素。雖然投資很簡單，但卻很難做得好。你必須睜大眼睛進場，好好盯著自己如何下手，並避免出於恐懼與貪婪而盲目行動，以免像其他許多投資者一樣血本無歸。

大部分在此書中所提到的人，包括我，都是透過提高儲蓄率達到財務自由，接著再投資簡單、被動、低成本的指數型基金。而其他人之所以失敗，是因為他們無法理解本章所提出的簡單事實。

行動步驟

1. **列出你的經常性支出。**（假如你有按照第四章的建議，開始追蹤或規劃自己的消費，那麼這一步應該容易很多。）接著，將你的年消費乘以二十五倍，或是將月消費乘以三百倍，想想你的消費金額將如何影響你達到財務自由的速度。問問自己，這筆消費會為你的生活帶來更多價值嗎？假如你不用花這筆錢，能否更快且更輕鬆地達到財務自由？

2. **檢查你的 401(k) 退休帳戶或其他投資帳戶。**計算你的投資費用，包括總開銷費用。假如你不知道該如何進行，可以參考免費的網路工具。請掃描文末的QR Code，瀏覽我們的網站，我們提供了相關建議。

3. **請多讀幾本關於指數化投資的書籍。**你可以先參考柯林斯的《有錢的簡單方法》，和柏格的《約翰柏格投資常識》。假如你想要理解指數型基金與多元資產配置，請參考理查‧菲利（Rick Ferri）的《資產配置投資策略》（*All About Asset Allocation*）與威廉‧伯恩斯坦（William Bernstein）的《智慧型資產配置》（*The Intelligent Asset Allocator*）。

創業者是唯一願意每週工作八十小時，以避免每週工作四十小時的人。

——蘿莉‧葛妮爾（Lori Greiner）

美國企業家

CHAPTER

13

高勝率創業思維

當喬納森與布萊德在節目中訪問經營「金融導師」網站的陶德‧特拉斯德時，他強調選擇財務自由的人能運用不同的投資選項，也就是創業。特拉斯德認為開展自己的事業和投資有價證券或不動產完全不一樣。畢竟，你必須擁有資本或借款，才能投資股票、債券、不動產，但是創業不同。特拉斯德說，「創業時，基本上你是憑空創造出資產。」

乍聽之下，這簡直太美好了。但是成功的事業意味著什麼？答案是，它們為願意消費的人提供附加價值。這不是魔術、巫術或詐騙。本書中的〈賺更多〉章節都是在討論如何透過你的產品、服務，讓購買者獲得附加價值，進而為自己或企業創造財富。但事實上，事業也可以作為投資選項，讓

投注在事業裡的資本成長，並創造財富。

　　許多人願意創業，但他們認為自己需要獨特的新點子、大筆資金與特殊天分才能創業，所以他們從未起步。事實上，任何人都可以創業。我們都有自己的興趣、技術、能力，而這些別人不見得擁有或是沒興趣進一步發展。

你可以今天就創業。能阻止你的，只有你自己。

　　眼前就有很好的例子。布萊德與喬納森只花幾百美元與一些時間，就開始經營 podcast。一年內，他們每週已有數萬聽眾，這讓喬納森有動力離開年薪六位數美元的正職藥劑師工作，追求自己的夢想。

財務自由者的創業心法

　　但這不代表創業很容易。事實上，所有幫助你實踐財務自由的投資策略都有不同的挑戰與風險。而根據發明家、企業家、《創智贏家》（*Shark Tank*）主持嘉賓蘿莉・葛妮爾的說法，創業的首要挑戰就是：願意為自己工作八十小時，而非為「別人」賣命四十小時。此外，假如你不會管理自己的時間，創業更是會耗費你大量的時間。

羅伯特・清崎（Robert Kiyosaki）在《富爸爸，有錢有理》（*Rich Dad's Cashflow Quadrant*）解釋自己賺錢的幾種方式。他把自僱者（self-employed，自己開業的老闆）與企業家（business owner，擁有為你工作的系統）分開來。當你創業時，起步會非常困難。而清崎的架構能避免你落入自我雇用並且被工作綁架的陷阱，包括：持續地以時間換取金錢、付出高額所得稅、無法隨時離開工作崗位、無法享受員工旅遊福利，或是沒有雇主補助的健保等種種壞處。清崎的架構也強調了創造企業模式的重要性，你必須創造出能為你工作的系統，而不是一直為了公司運作而工作，然後當你停止工作時，公司就沒有了收入。

那其他的創業挑戰呢？答案就是沒有前例可循。創辦「創業小學校」（PopUp Business School）的雅倫・敦根（Alan Donegan）在節目裡與喬納森、布萊德討論這個問題。他認為，你必須每天做決策，並且要有強烈的執行動機。你還必須不斷實驗與創新。情況將無可避免地一直改變，但是你必須負責解決問題。在他的經驗裡，只在乎錢的人很難持久，因為他們不願意為了眼前持續浮現的挑戰而奮鬥。在他眼裡，大部分成功的企業家都是透過自己的事業為他人提供服務，並且對此抱以高度的熱情。舉例來說，當布萊德一直努力追求熱錢時，他從來沒成功過，直到後來擁有

自己的事業，才嘗到成功的滋味，而他正是透過自己深感熱情的專長，為他人提供幫助。這不就是很好的例子嗎？

事實上，有很多投資自身事業的方法。一種是把所有資金投入在你主要收入來源的事業上，以此作為你的首要投資工具。這讓你獲得極高的報酬，但也伴隨著巨大的風險。

「千禧年大亨」的巴比·霍特在「選擇財務自由」podcast 裡討論過同樣主題。他曾經為了還清學貸拼命工作。當時，他計畫再工作一年才辭掉教職，以確保經濟無虞，並將經營個人網站作為正職工作。但那時他的網站還無法創造收入。事實上，他只從網站賺了幾塊錢，並且還沒有任何透過網站賺取收入的計畫。他把自己的想法告訴一位來自創業者家庭的朋友，對方建議他，如果他真的認真想經營網站的話，最好立刻開始。

霍特當晚便和太太展開討論，隔天他就走進老闆的辦公室辭掉穩定的教職，成為創業者。他說，雖然這聽起來好像很酷、很「大膽」，但是有次他在半夜醒來，感覺心臟狂跳不已。他飛奔到廁所，看著鏡子，恐慌症發作的他花了半小時才重新鎮定下來。儘管他自己把雞蛋全部放在同一個籃子裡，並且在毫無計畫的狀況下辭職，但是他警告，「我從來沒有建議別人照做。」

「無法回頭」是很多創業者的內心獨白。創業讓成功變

得很「容易」，因為失敗不可以是選項。由於你無法回頭選擇失敗，因此「成功」可能是每天工作十八個小時、數年沒有休假的結果，或是得貸款讓事情繼續運作下去。

我們常常讚美創業者，他們豪賭一把、睡在辦公室沙發上，甚至丟掉一切，只為了創造出市值數億美元的公司。

這種故事有兩種謬論。

首先，你不需要創造市值數百萬美元、甚至數億美元的公司才算成功，或是要這樣才能達到財務自由。

其次，這種說法也存有重大的選擇偏差，因其專注於少量的「獨角獸」，卻對大批承受風險、最終宣告失敗的人視而不見。

霍特成功了，現在網站帶給他的收益遠超過教師月薪。然而事情也可能會失敗。正因為創業的變數太大，讓很多人猶豫不前。但難道因為有失敗的風險，我們就拒絕嘗試嗎？

像喬納森也是「梭哈」一搏決心創業，他辭掉了正職工作，好專心經營 podcast。連他的夥伴布萊德聽到這消息時，都有點嚇到了。當時，兩人創業的月收入遠不及喬納森一人做藥劑師的月薪。

喬納森積極的個性讓他在四年內就存夠了錢，還清 16

萬 8,000 美元的學貸，這也讓他降低了創業風險。假如他身上背有學貸、車貸與每月的信用卡卡債，那麼他會和多數選擇主流道路的人一樣，在創業路上承受更高的風險。只要身上有一點點債務，就不難明白為什麼有那麼多人認為創業很可怕。

　　早在你達到財務自由以前，應當已了解財務自由的好處。我們稱此為「無經濟負擔的生活改變」，而這正是本人的故事。我克勤克儉，還清一屁股的債。因此當我們開始創業時，風險趨近於零。

　　有一段時間裡，我必須決定要留任藥劑師，還是要繼續 podcast 的事業。當時「選擇財務自由」podcast 的收入已經足以讓我付清帳單，當然這沒多少錢，因為我早已將消費減到最低。此外，我也有多年的儲蓄習慣。這樣的狀態讓我可以全力擁抱財務自由的概念。我可以規劃自己的生活，並期望達到財務自由。

喬納森

一開始當喬納森跟我說他要辭掉年薪六位數美元的藥劑師工作，並努力經營 podcast 時，我真的很驚訝，也有點擔憂。但是我很快了解到，這**正是**我們在「選擇財務自由」podcast 裡強調的：控制你的消費，這樣你的生活開銷自然不會太高，然後找到你心有所屬的計畫，全心全意地投入，並且留一條退路。（喬納森仍會收好他的藥劑師執照吧！）最重要的是，展開行動，讓你的生活更好、更充實。喬納森做到了，而「選擇財務自由」podcast 也經營得相當成功，畢竟我們投注了非常多的時間、精力與愛在這個運動之上。

布萊德

　　布萊德與喬納森採用「精實創業」（lean start-up）的原則、以更重視實驗與學習的精神開展「選擇財務自由」podcast。他們花了幾塊錢購買網址，買了幾隻麥克風。接著，他們就用自己的筆電、付出時間心力，展開創業大計。當你用如此的方式面對創業或生活，你將擁有無限的自由，並在沒有財務風險的狀況下嘗試，即便此時你離財務自由仍有一段距離。如果「選擇財務自由」podcast 經營不善關台了，喬納森也沒有損失太多。沒有人想要失敗，而且失敗的滋味也不好受，但是就算「選擇財務自由」podcast 失敗了，也不會有人來向他催債或拍賣他的車。他頂多就是回去做藥劑師的工作，而且心裡至少知道自己努力過了，這亦是另一種滿足。如果你嘗試了，但成果不盡理想，這不見得可以稱作失敗，因為你學到了經驗。如此設想，喬納森的決定並沒有很冒進。

　　陶德‧特拉斯德認為創業是達成財務自由最踏實的方法。他說，「你可以徹底掌控事業的風險程度，就算失敗了，多半還是可以獲利。」他進一步解釋何謂徹底掌控事業的風險程度，「你可以失敗九十九次，並在第一百次宣告成功，達到經濟獨立。或者，你可以在第一次就大獲成功。這世界沒有任何複利財富公式可依循。」他強調，其實透過創辦事業達到財務自由並不是很罕見的事。「這常常發生。」

　　創業小學校的雅倫‧敦根深有同感。當他給躍躍欲試的創業者們上課時，常常有人認為創業為高風險的行為。他認為阻止人們創業的不外乎兩個原因。首先，他們沒有資本；再來，他們沒有膽敢嘗試的自信。

　　大部分人都相信，要先有錢，才能真正獲利。敦根認為這是商學院養成的基本態度，並透過流行電視節目，好比《誰是接班人》（*The Apprentice*）、《創智贏家》與《龍穴之創業投資》（*Dragon's Den*）等進行強化。他說傳統的商業模式為撰寫企業計畫、借款，並運用貸款經營該企業。接著，你出門試著販賣自己的點子、服務或商品。當然，很多人聽了就怕，並認為這很不牢靠。這正是為什麼敦根建議學生反其道而行的原因：**翻轉傳統商業模式，就像我們翻轉傳統的理財概念，達到財務自由一樣。**

　　傳統商業模式的終點為銷售。但為了**翻轉系統，我們先銷售**。敦根強調，為了得到真實的意見，你必須先要求對方購買。不然，誰都想當個好人。他說，「唯有當你真的開口提議對方購買時，才會得到真正的回饋。假如你可以在貸款之前，就接到訂單，那麼你就可以在沒有風險的狀況下展開創業之路。因為你是在對方說好的情況下，才展開動作。你得到允許了。你的生意開張了。如果一開始他們拒絕購買，你也沒有任何損失。」

人們常常有錯誤的觀念,認為當事業開張後,消費者才會上門。敦根強調,就算你成立了公司,若沒人行銷與販賣的話,也還是賣不出去。即便你做了上述所有的事,消費者還是有可能不買單。這也是為什麼他建議從銷售開始,以降低成本風險的原因。

他的方法也是其他「選擇財務自由」podcast 的來賓時常運用的創業模式。《規劃你的未來》的作者、人生指導教練多明尼克就與喬納森與布萊德分享自己的做法,「當我有了新想法以後,我開始宣傳,並且想辦法賣出這點子。然後我會知道人們願意花多少錢買它,以及該點子是否值得一試。」

布萊登‧皮爾斯為不受地點限制的創業者,他發展讓音樂教師可方便安排課程與向學生收款的線上軟體,解決用戶問題。當他和其他音樂老師提這個點子時,收到了許多正面的回應。他這麼向布萊德與喬納森解釋自己創業的初始,「我花了幾個禮拜架設收費頁面,只要做這件事就可以知道其他老師到底會不會想使用這軟體。當訂單開始進來時,我了解到自己得動工了。我想,在第一筆交易成交後(我的意思是,我馬上就知道有人願意花錢買它),絕對還會有人願意買這軟體的。而這就是我的主要成本。」經過數年的時間,皮爾斯將此軟體事業打造成不受地域限制的服務平台,

並為音樂老師提供服務。他的事業讓他可以和家人在世界遊歷。他在 podcast 如此分享，「我們已經花了八年時間環遊世界，全家人一起走過三十六個國家，現在才打算停下來。」

敦根分享另一個降低創業成本的法則是：盡可能地減少花費。他的道理很簡單，「假如你沒有借錢或是耗費太多自己的存款，那就沒什麼可怕的了。請記得，只有兩件事可以阻止人們創業，一是他們以為需要很高的成本，再來是沒有自信。如果你可以用很少的錢，甚至零成本開始創業，那就一石二鳥啦。」

敦根強調我們應該盡可能用一切方法降低創業成本，使之趨近於零。他推薦幾種方法，包括透過可動員的管道，盡可能地得到免費資源、以極低成本甚至零成本租借工具，或是用以物易物的方式減低消費。他也建議在創造自我價值前，必須先行銷自我的價值。當你與對方建立信任後，才可以在提供產品或服務前先獲得付款。他說，你可以在幾乎零成本的情況下開展任何類型的事業。「我看過有人用零成本的方式開餐廳；我看過有人一磚一瓦地打造店面，卻不需花任何成本；我看過有人零成本地架設網站與線上事業。事實上，我想不出任何你無法以零成本開展的事業。」

副業與事業第二春

　　對很多人來說，豪賭一把實在很冒險。這就是為什麼財務自由社群的人多半有副業的原因。副業代表在朝九晚五的工作外，創造另一份現金流。這為人們帶來安全感，因為即便副業徹底泡湯，你還是有正職工作。副業讓你可以盡情追求自己的夢想，儘管一開始夢想還無法帶來報酬。副業可以是短期工作、可以是自僱也可以是受僱於人。不管用哪種方法，都可以縮短達成財務自由的時間。然而，只有一份工作代表你得付出心力工作，才能維繫這份收入。但當你把副業發展成事業時，你就打造出一個能創造現金流的系統，並且不再以時間換取金錢。另一方面，你可以輕鬆開展副業，並在你成長、學習之際，成為更具規模的事業。

　　對選擇財務自由的人來說，副業有幾項好處。首先，對收入較低者或是負債者而言，為了賺取基本收入，他們的人生很難有喘息的空間。而副業則能給他們喘息的餘裕，並打破月光族的循環。再來，副業對那些追求財務自由的人也有助益。因為一份副業可以讓高收入族群的收入更高，減短其達成財務自由的時間。對已經快要抵達財務自由的人而言，副業的收入可以讓他們更有勇氣離開原本的工作，放棄穩定的薪水與高儲蓄率，踏入未知的退休時光。

布萊德就是透過副業加速達成財務自由的絕佳例子。在風險極低的情況下，他自己學習電子商務的經營模式。而他的第一個網站「里奇蒙存錢客」也為他帶來不錯的報酬，接著在「旅行里程 101」的網站事業中，布萊德賺取了更可觀的收入。這份副業帶來的安全感，驅使他離開做了三十多年的會計師工作。

另一個選擇是，在達到財務自由後才辭去工作。這是我個人的經驗。當我仍在工作時，我看見了經營副業的潛在利益。不過，在思考經營副業這個選項時，我的儲蓄率已達60%，也順利地走在財務自由之路上。對當時的我來說，繼續正職工作會是比較合理的選擇，這樣我可以擁有更多時間陪伴太太與小孩，而不是想方設法賺取第二份收入。

現在的我，早已放棄原本的工作，並全心全意投入創業。這帶來很多好處。首先，是財務安全感的提升。畢竟，了解 4% 法則並且知道以數學觀點來看，你永遠不會在退休後斷了金流是一件事，但是從一個原本擁有高儲蓄率變成一個持續消耗資產的人，如此的心理壓力卻是另一件事。這讓很多人掉入了「再等一年」的循環裡，因為他們無法感覺到自己確實存夠了，因此決定再工作一年，以建立財務緩衝空間來應急。一年又一年就這樣過去了。他們只是設法讓自己更安全罷了。

當很多人離開職場後，他們從擁有高儲蓄率的富足感，陷入了貧瘠的心理狀態。然而，若能在達到財務自由後繼續創造現金流，就能減少很多恐懼與不安全感，讓自己過得身心富足。

除了金錢優勢外，在達成財務自由後創業還有其他的好處。許多規劃財務自由的人，往往著重在退休上，因為他們不喜歡自己的工作。但是當他們退休後，有些人卻發現退休生活與想像的不同。退休人士可能會覺得自己與社會脫節，這讓他們感到沮喪低落，甚至引發生理或心理疾病。然而，選擇「事業第二春」繼續前進，可以讓你的生活更有動力與意義，並讓你專注在自己享受並且熱愛的事情上。這讓你享受更多創業的好處，卻不用承擔過高的風險。

實踐夢想的有利工具

在「選擇財務自由」podcast 第四十九集時，喬納森與布萊德訪問了撰寫「逃脫藝術家」部落格的巴尼，以及經營創業小學校的雅倫・敦根，並且有非常有趣的交流。巴尼與敦根在節目上大談英國人對財務自由的看法。兩人的事業路徑截然不同，也因此觀點南轅北轍。巴尼認為，「你只有兩條路可選。要不就是選擇你愛的工作，或是選收入非常優渥

的工作。兩者對我來說，都是理智的選擇。選擇前者的人，應該不會去追尋財務自由。因為你如果那麼愛自己的工作，那麼沒收入都無所謂啊，更何況你還有份薪水，那真的太好了。你的問題都解決了……而我選擇的是後者，那就是選個薪水優渥的工作。」

敦根不認同，「我覺得事情不需要如此涇渭分明。我認為你可以找到自己喜愛且薪水不錯的工作。的確有人做到了，只是不是常態而已。我相信很多人因為想要安定的生活，所以甘於眼前的工作。」他補充道，「但你還有其他選擇，好比創造出新的工作。」

提摩西·費里斯在《一週工作4小時》書裡大大提倡規劃生活的概念。對主流觀點而言，他在書裡提倡的概念似乎有點遙遠。但是如果你退一步，用追求財務自由的人的邏輯思考創業，並將本章所推薦的創業策略與前面章節所討論的生活方式結合在一起，你會發現你想要的生活對很多人來說都是可行的，甚至對所有人來說都是，而且也沒有像多數人所想的那麼冒險。無論你處在什麼階段，投資個人事業都是很有利的工具，能幫助你實踐夢想。

行動步驟

1. **思考你處在財務自由的哪個階段。**請想想如何透過創業來加速自己實踐財務自由、改善生活方式，或是兩者並行。

2. **當你有創業的想法時，思考你需要怎麼做，才能讓事業進入軌道。**請集思廣益，想想免費獲得資源的方式。

3. **分析你的事業或是你正在考慮的事業。**你創造的是事業／投資，還是一份工作？請發展出即便自己不在場，也能持續運作的系統吧。

在我人生中，真正為我帶來深刻心靈感受的只有房地產。

——哈蕾特·馬丁瑙（Harriet Martineau）
英國社會學家

CHAPTER

14

房地產投資心法

投資者時常比較有價證券（好比股票與債券）與不動產，並往往認為某一選項勝過另一方。不過這就像是比較蘋果和橘子，實在沒什麼好比的，因為它們根本是不同的東西。事實上，不動產為混合型的投資策略，它兼具被動投資與經營事業或工作的特質。

如同其他商業投資一樣，你所付出的心血都會帶來附加價值。現在，讓我們來檢視不動產投資的兩項元素：心力資源與財務槓桿，以此獲得比被動投資更高的報酬。

點屋成金的心力資源

將不動產當作投資的其中一個目的就是，讓你更能掌控

投資結果。查德·卡森老教頭將全部資產投注在不動產上，這不僅是他的生財管道，也是他用來將錢滾錢的主要投資工具。他的成功讓他在 35 歲左右就達成財務自由。但他認為，加強控制投資結果是把雙面刃。從正面來看，只要你努力工作、快速學習，並賣力賺錢，提高控制權有助於你更快達到財務自由。但是壞處是，一切都必須由你經手。你必須很樂於奉獻在工作上，也必須看重每件交易，為每筆物件增值。這對不動產投資新手而言可能太過沉重，也不知道該如何下手。

查德·卡森老教頭發現投資不動產不需要孤注一擲。很多人只要有一、兩間房產就能夠獲利賺錢。當其房產不存在債務及法律請求權（free and clear），他們每個月就能有數千美元的租金進帳。如果他們同時保有簡樸的生活風格，那麼將可以很快達到財務自由，或至少透過固定的月收益，不必過度仰賴被動投資帳戶的資產。如果能運用財務自由社群的思考邏輯投資不動產，結果將有異於多數的房地產投資者。後者往往急於尋找下一筆交易，甚至不惜承擔鉅額債務，造成龐大的風險，這像是沒有明天的惡性循環。儘管那些人建構了龐大的投資組合，但是仍舊受困於傳統的道路裡。

查德·卡森老教頭覺得自己很幸運，在早年就學到了關

於不動產的投資準則。他說，

我碰過最好的投資老手都認為，簡單就是最好的。

查德・卡森老教頭繼續說道，「請試著連續五年、每年都各買一間房子，讓每間房子的條件都比上一間更好。不要走奢華風。不要太瘋狂。只要把基本工作做到最好就好。」對於選擇財務自由的人來說，提升邊際效益是相當核心的概念，也因此查德・卡森老教頭一直設法談到更好的條件，並聚焦在他最擅長的投資策略，藉此取得了成功。

逐步累積房產這個簡單的策略深受財務自由社群的歡迎。《一生無憂》的作者，同時也是「更大口袋裡的錢」podcast 的主持人史考特・敦奇就是一例。他在節目裡和布萊德與喬納森分享自己在 2014 年秋天透過當房東收租金這個方法，買下第一間投資用的兩戶式連棟房子（duplex）。他如法炮製，運用同樣的策略搬入了第二間兩戶式連棟房子。之後，他又買了一間四戶型房。在過程中，他能申辦自用住宅的貸款優惠，並能以幾乎免費的方式入住。這幾筆交易讓他在四年後不但有七個房源可供出租，還有可自住的地方。這簡單的不動產投資法讓他在快 30 歲時就達到財務自由。

查德‧卡森老教頭解釋道，要找到絕佳物件有兩大步驟。他說第一個步驟多數人都能簡單上手，即便是新手也不例外。那就是從品質下手，在好的社區找一間優質的房子。他的經驗之談是：找到自己也願意住的房子與社區。他說，「買屋或租屋是相當情感性的決策，因此若想靠房產獲利，你就得提供好的商品，讓人覺得住在那裡會是好的決定。畢竟，選屋是非常情緒性的決定。」第二個步驟則比較量化。你必須先做好功課研究你想入門的市場、了解貸款資訊，並在統整之後評估該交易是否有利可圖，以及能否為他人提供價值。查德‧卡森老教頭說，想當個成功的不動產投資者代表你必須交互運用雙原則，隨時平衡情感與數學因素。

房地產的財務槓桿課

不動產讓你可以運用自己的強項、興趣、天分，為交易增加價值以提高獲利，而方法有很多種。比方說，你可以鎖定特定區域，甚至某一條街，然後成為那個超級小市場的高手。這讓你可以很快找到最好的標的。或者，你可以成為房產經紀人，以降低或取消交易佣金，並接手很多筆交易。如果你的技術精湛，你可以買下老舊的房子，並讓它煥然一新。你也可以增加一房或一廁，讓買家或租屋者更喜歡這標

的。當然，你也能混用上述所有策略。事實上，有各種付出
心力為物件增加價值的方式，讓你能在不承擔更多財務風險
的情況下，獲得比被動投資更好的報酬。

除了投注更多心力資源來提高投資報酬外，你也能運用
財務槓桿買房，提升投資報酬。然而，債務不是不用償還
的。你的借款也可能會為投資項目帶來風險。

為什麼我們會想冒風險操作財務槓桿呢？首先，貸款讓
你有入場資格。你可以用 100 美元甚至更少的成本購買指數
型共同基金或 ETF。你也可以不花半毛錢就開始一些小生
意。但是房地產不一樣。即使最「便宜」的標的也要好幾萬
美元，在大部分的情況下，「起步房」（starter home）①也
要 10 萬美元。對多數人來說，房地產投資的門檻太高。但
運用貸款能讓你以小額成本控制大規模資產。

即便你可以用現金購買房地產，貸款還是更有利可圖的
選項。假使你用 10 萬美元買下房產，每年賺進 5,000 美
元，你的投資報酬率為 5%。但是如果你運用槓桿呢？假設
你投入 20% 的現金（2 萬美元），每年賺進 5,000 美元，你
的投資報酬率會是 25%。你不需要精打細算拿出現金來購
買房產，而是用房客的租金，付清房貸。

---

① 【編注】起步房，通常指首購族在財力有限下所買的設備簡單、價格偏低的房
子。

透過槓桿購買不動產為節稅致富的方法。如果你不運用槓桿，那麼你就必須運用稅後存款購買房產。當你買下房子時，你所收的租金必須要上繳所得稅。然而，運用財務槓桿可以減少運用你的稅後資產。你也能將部分租金收入拿去償付業務債務的利息，後者可作為可抵稅的營業費用（business expense）。這能降低你的稅務負擔，累積財富。（請注意，上述的稅務優惠適用於美國。其他國家的稅法或許有所差異。）

這只是槓桿操作所能帶給你的一部分好處而已。假如你用第一筆交易的方式，再運用財務槓桿購買五間房產，你可以用 10 萬美元，控制價值 50 萬美元的房產。你的投資報酬率將不是 5%，而是用 10 萬美元獲得 2 萬 5,000 美元的報酬！當然，你也可以只進行一項槓桿投資，其他錢用來維繫自己的生活方式、被動投資指數型基金，或投資其他更有賺頭的資產。

槓桿操作確實讓人容易上癮，也使很多人陷入債務危機。經營「金融導師」網站的陶德・特拉斯德在節目上與喬納森、布萊德討論過這個問題。他指出，「財務槓桿有利也有弊。如果你沒操作好的話，麻煩就大了，但假如操作得當，你很可能因此致富。」

擁有房地產的一個好處是，房價和租金往往能夠跟上、

甚至超過通貨膨脹的速度（也就是房價、租金不斷上漲）。所謂的通貨膨脹是指，同樣金額的錢在未來的購買力會比現在更低。而運用槓桿買房地產等於賭信通膨的情況會持續下去。當你的標的資產（underlying asset）繼續升值時，也驗證了使用槓桿的合理性。

然而，你也可能遇上通貨緊縮，屆時人們會更沒有動力購買房產，因為他們擔心資產會繼續縮水。而通貨緊縮也會加劇操作槓桿的風險，2008 年至 2009 年的金融危機正是如此。當時通貨緊縮摧毀房價，人們陷入恐慌狀態，銀行也停止借貸。這讓許多人，包括不動產投資者與屋主都陷入次貸危機。他們欠下的房貸遠比房屋價值更高，不僅房產無法轉賣，債務也無法償清。當你的屋子成為上述的溺水屋（underwater mortgage）時，你必須付出房貸與市價之間的差額，並讓其他人從你手中取得房產。

然而，儘管有許多人因為懼怕使用槓桿借貸而放棄投資房地產，但是多數人卻可以自如地運用貸款，購買自用住宅。或許這只是因為他們認為後者幾乎沒有風險。

如果我能回到過去，並且改變一件曾經做過的理財決定，那肯定會是不動產。我真希望自己有嘗試過當房東收租金。

大學時期，或是 20 歲出頭時，絕對是嘗試當房東收租金的大好時機。反正人人都有室友啊。為什麼不用這機會，加速達到財務自由的目標，甚至試試當房東的滋味呢？不管是查德・卡森老教頭或史考特・敦奇都受益於此策略。很明顯地，能夠善用當房東收租金策略並完美執行的人，將提早數年達到財務自由。

不管對何等收入的人而言，當房東收租金可以提升將近 50% 的儲蓄率。雖然不只有大學生能運用此方法放大獲利，但是我相信我的孩子們將會特別受益於此方法，我也願意幫助孩子們思考當房東收租金策略。

強化風險抵抗力的買房思維

雖然運用槓桿借貸會讓財務狀況更具風險，但是你可以運用財務自由社群的思維縮小風險。史考特·敦奇向喬納森與布萊德解釋自己第一次當房東收租金的案例，並且用自己的例子與普通購屋者進行對比。

　　我 20 多歲時，在不動產「投資」上損失慘重，事後看來，那些根本就不是投資，而是賭博。我有很長一段時間對不動產投資很反感。但是史考特・敦奇、查德・卡森老教頭，以及撰寫「什麼都買得起」（Afford Anything）部落格與主持同名 podcast 的寶拉・潘特（Paula Pant）則開闊了我的眼界，明白房地產投資可以是真正的事業。你無須等待房價增值（這是你無法控制的），它本身就是個運作健全的投資事業體。

　　這種簡單的想法讓我有膽繼續嘗試不動產投資，而我也對未來的可能性感到興奮不已！

敦奇在丹佛區域買下第一間兩戶式連棟房子，價值 24 萬美元，而頭期款只占總價的 5%（1 萬 2,000 美元）。隔壁戶的租客每月付給敦奇 1,150 美元的房租，而與敦奇同住的室友也會付房租。當敦奇將居住成本降低至零時，他很快就提高了儲蓄率。根據敦奇的說法，對普通美國家庭而言，房屋成本占了 35% 的消費預算。

敦奇表示，假使普通的美國家庭以 24 萬美元買下住宅，並同樣付 5% 的頭期款，那麼這個踩著主流道路前行的家庭每月得付 1,550 元償還房貸。

接著，敦奇假設美國爆發不動產危機，房價與租金一夕之間暴跌 30%。在這最糟的狀況下，敦奇仍可用打折後的租金，處理絕大部分的房貸，他每個月僅需要付幾百美元，就可以住在此房產裡。他可以毫不費力地度過房地產危機。

對追隨主流道路的人而言，就算他們丟了工作，沒能力繳帳單，每月還是得付房貸。即使需錢孔急，他們也很難賣出溺水屋。這就是我們在 2008 年與 2009 年所目睹的景象。然而，人們還是隨著主流價值起舞，並每天甘冒如此風險。

每個人都可以在控制風險的狀況下，成為不動產投資者。與選擇主流道路的人們所承擔的購屋風險相比，運用槓桿舉債投資實際上可以降低風險。此外，那些選擇主流道路的人也沒有機會享受到使用槓桿投資所能取得的超額回報。

　　當史考特・敦奇為「大口袋」不動產投資教育平台工作時,他發現很多沒有收入、零資產且長年理財習慣不好的人,以為房地產投資會是他們的最後救贖,這讓他很難過。他都會建議對方放棄這打算,並以不同的觀點思考不動產投資。他對喬納森和布萊德說,「你必須先調整好自己的財務狀況,等到實力雄厚時再投資房產,以提升自己的投資部位價值。」

房地產投資的稅務優惠

　　房地產投資的另一項好處是能讓你避免不必要的稅務負擔,有效累積財富。運用槓桿投資不動產讓你可以用別人的錢購買房產,而不是設法用自己的稅後收入以錢滾錢。

　　根據美國國稅局,投資房地產租賃物業的主要稅務優惠是,它是國稅局會計項目所認可的「帳面支出」(paper expense),也就是折舊(depreciation)。美國稅法允許業主對租賃住宅的建築物成本,分二十七年半折舊。這讓你每年可從報稅表中抵扣當年的應納所得稅,從而減少了稅款。而這項房地產投資的額外稅務優惠,也提供了你另一節稅管道,使你可以存下更多資金、加快實現財務自由。

房地產致富策略

我們將指數型基金投資稱為簡單的投資途徑，因為它是被動的，而且耗費的心力最少。而創業和投資房地產則相對複雜。以某方面來看，這是事實。在累積財富的過程中，創業與投資不動產所需要的心思、努力，遠遠超過被動的指數型基金投資。

但當我們達成財務自由時，簡單的道路就變得相形複雜。我們用 4% 法則決定你透過簡單投資方式，需要多久才能達到財務自由。但 4% 法則是建基於對投資報酬率、利率與通膨率的假設之上。而這些假設其實難以預期且超過你的掌控範圍。這讓簡單的路徑也變得複雜，也讓從領取固定收入，轉換為仰賴投資過生活的人感到恐懼。

相反地，對財務自由者來說，關於不動產的投資數學反而變得簡單好懂。針對那些想從以收入過生活，過渡到以不動產投資組合維生的人，查德·卡森老教頭的建議如下：

* 先算出你的數字。你需要多少預算才能財務獨立？你需要多少收入才能不用再工作賺錢負擔家用，過著你想要的生活？
* 當你有了那個數字以後，你的目標就是獲得足夠的不

動產資產，並以低風險與被動的方式賺取理想報酬。卡森傾向先確認房產不存在債務及法律請求權，以期在低風險、不費力與省下麻煩的情況下帶來報酬。然後你可以發展一套簡單的計畫獲得幾間你想要的房產，以此創造你所需的收入。

當然，卡森是不動產經紀人，他以此為業，並教導其他人如何展開不動產經紀的工作。當他把事情描繪得太過簡單時，聽起來不免讓人質疑。撰寫「現在立刻退休」部落格的卡斯登・伽斯科，也就是 ERN 大佬曾在第五十二 R 集討論此議題。ERN 大佬擁有財務金融學博士學位，並看好股市。他說，「不動產對退休人士來說是非常有吸引力的資產類別，畢竟它能創造不受通膨影響的現金流。假如你的投資組合夠多元，那麼此筆收入將會非常穩定，且是可預期的投資回報。假使某人擁有不動產投資組合，並在扣除維護、修繕、物業管理、空房率之後可獲得 5% 的淨租金收入，而此筆現金流可支付你退休後的花費，那麼你就可以用非常有效率的方式，達到 5% 的提領率。更重要的是，你不會動到本金，因此也解決了報酬順序風險的問題。擁有一些不動產資產將會是很好的退休安排。」

當你決定投資不動產時，你會需要發展出投資策略。我

們在本書中不斷提及當房東收租金策略，因為這符合多數選擇財務自由道路者的觀點。而且，當房東收租金風險相當低，並讓人以較為輕鬆的方式，踏入不動產投資的門檻。但這絕不是唯一的不動產投資方法。

不動產投資選項包括獨棟別墅、兩戶式連棟房子、三戶式連棟房子（triplex）、四戶型房，以及較大的公寓大樓，商用不動產、土地和度假租屋等。你可以永久性持有、快速轉讓或是採用其他折衷方法處理房產。你也可以成為其他不動產投資者的貸方。事實上，有很多投資房地產的方式，只是我們無法在本章內詳述各種選項。

如果你想繼續深入研究不動產投資，本章所提到的兩位專家都能提供非常好的建議，幫助你整合財務自由與不動產投資的概念。我推薦讀者閱讀查德‧卡森撰寫的《用不動產提早退休》（*Retire Early with Real Estate*）與史考特‧敦奇的《一生無憂》，以深入了解本章所提及的相關概念。

行動步驟

1. **檢視你的生活消費。** 你需要多少收入以維繫自己的生活方式？決定好你需要多少間出租房產（不存在債務及法律請求權），才能創造出等額收入。

2. **分析你的租金與房貸。** 思考如果你失去了目前的收入，你的存款可以支撐多久？目前的居住狀況會讓你承受財務風險嗎？你能投資自用住宅，讓它為你創造財富、降低財務風險嗎？

3. **每天花三十到六十分鐘，在你的住宅區或上班區附近走動。** 你可以邊運動邊觀察有多少房子在出租或出售，了解當地的市場需求。比方說，房價多少？租金行情如何？大概多久賣出？請觀察哪些房子較能吸引買家，原因為何。當你開始做功課以後，也請想想如何為房地產交易增加價值。比方說，你會修繕嗎？你能以現金支付，換取更大的折扣嗎？你有辦法取得更優惠的貸款方案嗎？你能幫其他投資者找到好標的，藉此賺取小筆佣金嗎？

PART 5

WHAT'S NEXT

下一步

你正是你所見、所聽、所食、所聞、所知與所不知的總和，一切不言自明。每一件事都影響了我們，那正是我希望自己的經驗都很正面的緣故。

——馬雅·安傑洛（Maya Angelou）

美國作家

CHAPTER 15

賺回你的人生

部分人都認為自己必須花一輩子工作，並在 60 歲或 70 歲時退休。人們以為要達到財務自由是很困難的事，畢竟很多人一輩子也無法企及。

財務自由社群顛覆了這個傳統的想法。在此社群裡，許多人在十年至十五年之內，就達到了目標。有些人花不到十年就財務自由了。雖然這很激勵人心，但可能也讓人誤以為一切很容易。這當然不簡單。

無論是正邁向財務自由的人，或是已經達成的人，許多人都經歷過同樣的階段。我們開始對主流生活感到沮喪，並對 FIRE 的概念更有興趣。我們發現，沒有足夠的存款讓我們得不斷地工作，無法過自己真正想要的生活。我們很確信只要擁有足夠財富、達成財務自由並退休，就會非常快樂。

因此，我們埋頭苦幹十年或二十年，直到財務獨立的那一日為止。但我們也往往在過程中，忘了享受生活。

很幸運的是，許多人分享了他們邁向財務自由的心路歷程，讀者可以從中避免掉許多錯誤。

在通往財務自由的道路上，你應該好好享受途中的自由與力量。

但是說的當然很容易。讓我們來看看其他人掙扎奮鬥的例子，接著思考財務自由社群所提倡的概念，讓你可以享受財務自由之旅。

有錢，能買到快樂嗎？

在第二章中，我們介紹了經營「快樂哲學家」部落格的傑夫，身為醫生的他，在工作頭幾年就感到身心俱疲。發現財務自由概念對他來說，有如改寫命運的轉捩點。一開始，他認為自己需要數千萬美元才能退休。但很快地，他發現，擁有高薪工作的他可以在大約五年內達成上述目標。要累積充裕的資產對他而言並不難。但當時他對工作與生活都相當不滿，甚至覺得自己還得「服五年刑期」才能辭掉工作。因

此他理解到，自己必須從當下就感到快樂。

我們很容易以為，只要再多一點名聲、知識、權力、榮耀或物質享受，我們就可以更快樂。有些在財務自由社群的人以為，錢是我們最需要的。但傑夫發現，對他而言，真正的快樂來自他可以少擁有一些，學著對不喜愛的事物說不。

傑夫用貓咪與鱷魚當作比喻，形容自己如何開始斷捨離，尋找自己的幸福。貓咪很可愛、討喜、調皮，並給人幸福感，而鱷魚則醜陋、陰沉與卑鄙。如果我們有一屋子的貓咪與鱷魚，並且希望創造和平與快樂的氣氛，那最好別再有更多的貓咪了，除非我們希望牠們全部成為鱷魚的午餐。那場面會很噁心。最好的方法，應該是把鱷魚都趕走。然而，我們很少如此面對自己的生活。

傑夫試著擺脫讓自己分心的事物，並增加了許多他認為會帶來真正幸福感的東西。他刪掉行事曆上不必要的行程安排，不再事必躬親。他也不再看電視新聞，那只會讓他倍感焦慮與壓力。他設法減輕自己的工作量，即便這會延長他達到財務自由的時間。

傑夫花了三年時間才從正職醫師，轉為兼職醫師。他說兼職應當是他從業以來最失敗的財務決定，因為對醫生而言，能夠上班賺錢是他們最大的資產。然而，他覺得這是很棒的決定。在那三年過渡期中，他也發現自己因為其他生活

改變而變得更加快樂，即便他當時還是個全職醫生。

　　經營「瘋狂拳擊手」的布蘭登也曾在達到財務自由前，好一陣子感到非常不快樂。我和他的經驗驚人地相似。「瘋狂拳擊手」是我此生第一個閱讀的部落格，直到現在，我仍舊會追隨他的所思所想。我熱愛他的部落格，因為他把美國稅法簡化成有趣好懂的原則，這可是我從來沒想過的。他的寫作幫助我找到實現財務自由的最佳途徑。當我修正自己的計畫時，也提早達成財務自由。

　　布蘭登的文章讓我的生活變得更好，但是在我成功實踐財務自由前，他的部落格也是讓我不快樂的原因。他總是頻繁地提起實現財務自由的最佳途徑，並且不乏暗示只要你達到財務自由、退休，人生就會徹底翻轉。而且得越早達到越好。當我把自己的投資與稅務計畫與他的「最佳化」途徑相比時，我感到懊悔萬分。事實上，當我過分專注於能達到財務自由將有多幸福時，我就更難為眼前生活感到快樂。

　　布蘭登曾在「選擇財務自由」podcast 討論過自己的掙扎。當他在節目上描述達到財務自由前所感受到的不幸時，真的非常震撼人心。他說，「我一心只有財務自由這目標，其他的一切都不重要。」他很難開心。他會斤斤計較花出去的每一塊錢，並想如果把這錢省下來，他可以多快提早退休。在這過程中，他有兩年都過得非常封閉。

　　他的想法也感染到了太太。為了一起生活，太太從蘇格蘭移民到美國。「她在一個完全陌生的國家……而她的先生只想要讀財務報表。」布蘭登沒有注意到事情演變得多惡劣，直到有一天，她說他根本就是憂鬱症，而且一語中的地說兩人都不快樂時，他才驚醒。他很快地決定要改變自己。布蘭登意識到，他不能再將幸福寄託在財務自由上。如果他不願改變，就會失去人生中真正重要的事物。兩人決定搬到蘇格蘭，住在離她家人很近的社區，並開始與家人、朋友一起享受生活。

　　最終，他達到財務自由了。儘管他仍繼續工作，但是他比以前快樂許多。達到財務自由並沒有改變所有的事。他說，「我曾經為了這目標放棄一切幸福，直到有天，我終於達成目標了，但卻感覺……什麼都沒有變啊。」當我們回頭檢視，道理再明顯不過。就算你的銀行帳戶多了一塊錢，那也不會帶來奇蹟。相反地，在通往財務自由的路上，我們學會打造快樂的生活，那才是一切。

克服理財錯誤的致富心態

　　很多我在邁向財務自由途中所感受到的不快樂，其實來自於我將自己與社群裡的其他人做比較。雖然本書裡的所有

例子都非常有啟發性，但它們也可能讓你懊惱著「假如當初我……」讓你的心思被過往的理財錯誤給盤據。以我為例，我盡量遵循成功者的理財策略，而成效往往能跟那些人一樣好，甚至更好。但是，我太太和我曾經犯下很嚴重的投資與稅務錯誤。我們盲目地相信了一位專家，並採信他的建議，而非獨立思考，這讓我們付出大筆不必要的費用與稅額，延長了我們抵達財務自由的時間。我感到懊悔與痛苦，為什麼我沒有早點自學呢？

羅素八成是最成功的個人理財部落格格主。他現在已是財務自由社群的一員，不過「成為理財專家」並非他的初衷。一開始他的部落格之所以大受歡迎，是因為他在裡面無私分享了自己擺脫債務與龐大財務危機的故事，這讓人心有戚戚焉。當他上布萊德與喬納森的 podcast 時，他分享了以下觀點，「你必須了解到，不是每個人的起跑點都一樣，而且你會碰到很多困難。當困難來到眼前時，你必須抱持彈性。你可以說，噢，好吧，衰事來了。這很糟，但我會想辦法解決、往前看，這就是我解決問題的方法。」

當我從過去的投資與稅務錯誤取材，寫出我的故事時，我終於知道如何在抵達財務自由前，就感到快樂與自在。那就是：將負面經驗轉化為正向的助人熱情。因此，我成為了一名消費權益倡議者，幫助他人維護自身權益，避免他們犯

下跟我一樣的錯誤。

　　喬納森也分享了相同的故事，講述他如何在通往財務自由的路上，克服六位數美元的學貸。雖然他花了數年時間才擺脫債務，但是他說，「我沒有後悔做過那個決定。」這些經驗都成為他人生故事的一部分，並成為他打造、壯大財務自由社群，向別人分享更好生活方式的動力。

　　許多展開財務自由旅程的人都因為必須要工作賺錢，而倍感壓力、忙碌不堪與不幸福。因此，我們渴望一切的相反，那就是退休。

　　撰寫「退休宣言」部落格的佛列茲・吉伯特在節目裡問喬納森與布萊德，「如果你工作並不是為了那份薪水，而是你渴望做這份工作，那這份工作會變得多有趣呀？」工作讓我們得以擁有許多快樂，像是收入、個人發展、服務他人的機會，或是為生命帶來意義與價值。吉伯特說，經過一番思索後，你會發現，「你覺得很糟的工作，其實沒有那麼討人厭。」

　　許多財務自由社群的人也有同感。雖然我們名義上退休了，但是我們還是擁有一份有意義的有薪工作，儘管我們不需要那份薪水。有些人批評財務自由社群的人，認為我們

「根本沒有真正退休。」他們因為我們不符合已知定義的
FIRE（徹底停止有薪工作）而感到被冒犯。他們暗示財務
自由社群的人根本是胡謅，也不認為達到財務自由有任何意
義。對他們來說，假如你還要繼續工作，那幹麼存錢啊？

重新定義退休

真的很奇怪，人們對退休生活有強烈的想像。但事實
上，退休是近一百年來因為人均壽命延長、生產力提高後才
產生的現象。在此之前，勞工是不退休的，他們會工作到過
世那天，或是工作到身體不堪負荷後，再由家人照應其生
活。

然而，當人們有了退休的概念以後，勞工也並非自己選
擇退休，而是由雇主決定，並把位置讓給更有生產力的勞
工。這有點像是我有雙襪子，因為破了，所以不堪使用。退
休似乎很可怕，這代表你已經抵達有意義人生的終點。

金融產業更乘勝追擊，搶先定義退休，認為退休代表著
享受生活。他們提供大眾儲蓄方案，也為這人生新階段推出
退休規劃。幾乎所有的退休廣告上都可以看見一對夫妻在沙
灘漫步，或是打高爾夫球。

然而，這真的是所謂的退休嗎？

　　提早退休跟傳統定義裡的退休非常不一樣。重點不在於你從哪裡來，而是你想通往哪裡。這並非宣稱不再工作，而是重新掌握自主性、主體性與人生的意義。你得以選擇自己心愛的事業或未來，而不用冒上讓家人三餐不繼的風險。請想像一個不再被金錢驅動或是懼怕失敗的人生。或許你可以參加或主導創業計畫；或許你可以和家人一起買個農場或環遊世界，並寫下旅行的故事；你也可以創作電影腳本或是童書、學畫畫……或是在發展中國家服務。

　　你想做什麼呢？

喬納森

　　我們必須重新定義退休及其樣貌，或是徹底拋棄退休的概念，專注思考如何避免我們不想要的退休生活，並以此規劃自己的目標。這就是為什麼我們推崇財務自由的概念，而非退休。對我來說，財務自由代表我有時間、精力與自由去做自己想做的事情，而我的財務需求則為次要的。財務自由代表我可以讓工作更有意義，而非讓生活圍繞著工作打轉。

　　喬納森認為財務自由代表擁有犯錯的機會。他認為所謂的財務自由為「你不再需要為了錢而工作。在很多情況下，你會賺到更多錢，因為你願意承擔保守上班族不敢承擔的風險，而你也不再受到收入的擺布。」他補充道，「工作不見得與收入有關。擁有失敗的自由，代表你可以追求自己真心喜愛的事物。」這與創業精神互相呼應：創業者在實踐財務自由的過程中開展自己的事業，所以他們不會像其他主流價值觀的人一樣，恐懼風險或受其束縛。

　　布萊德認為財務自由所代表的遠超過允許失敗的自由，「它讓你擁有冒險的自由。當你解決了財務問題後，你可以退一步，思考自己的整體生活。這樣的生活會更有意思，因為你會問自己更宏觀的問題，像是：這件事對我有意義嗎？我享受嗎？要怎麼樣可以讓自己更快樂？我要如何進步，讓自己活得更有價值呢？」

　　布萊德對財務自由的看法讓我想到部落格「我們的第二
人生」格主塔嘉・赫斯特與布萊德和喬納森分享的觀點：
「我們是人類歷史上最幸運的一群人。因為我們可以做自己
真正感到興奮的事，那讓我們每天早上都能迫不及待地想要
起床，迎接新的一天。」這種想法讓我感動得渾身起雞皮疙
瘩。這正是面對人生的最好態度。

　　退休這字有好多負面暗示，像是暗指一個人整天坐著看電視、喝調酒，看世界流轉。因此，我沒有太著重在提早退休這件事上，而是思考財務自由。

　　對我來說財務自由帶來無限的可能，這代表我可以善用最珍貴的資產，也就是時間，只要我認為有意義即可。我認識的每個退休人士都在「退休」時有更豐富的生活。

　　你不用感到吃驚！退休人士擁有時間、資源以及思考空間，並專注於真正對他們有意義的事情上，像是思考如何影響這世界、如何善用自己的時間。追求財務自由帶給人解放的輕盈感，並讓你更有空間思考深刻而複雜的議題。

財務自由的真正本質

　　一旦我們拒絕了工作或退休的二分法，我們就擁有了更多有意義的選擇，能活得更精彩。其中一種選擇就是「慢慢享受咖啡」的傑所提出的無經濟負擔的生活改變。他認為這代表你有自由去選擇任何你認為合適的生活方式。你可以在可負擔的條件下選擇讓自己最幸福、最有滿足感的生活。這個概念讓你擁有足夠的彈性，可以追求自己心有所屬的人生。因此，你可以在家養育子女、放棄全職工作改為兼職工作、選擇半退休、擁有更多休假或是「微退休」、經營生活風格相關事業，或是兼容以上做法，過上最適合你的人生。

　　當傑在節目上和喬納森暢談這概念後，喬納森就開始實踐。在他和傑以及其他財務自由社群的夥伴們聊過以後，喬納森發現自己無法再以原本的步調過生活。當時他為全職藥劑師。由於他的工作必須確保所有人的安全，因此他得投注所有的心力在職務上，外加每天長時間的通勤。此外，他每週還得花四十小時錄製 podcast 節目，當時節目才剛剛起步而已。而他家中還有個新生兒，一切都太熱鬧了。

　　喬納森隨時都在想下一件該做的事。每件事都很急。他說，「我的行為很蠢，好比我會去加油，但是油箱蓋沒蓋我就開走了，因為我的頭腦早就在忙下一件事。這讓我的生活

充滿了壓力與危險。」不久後，他開始理解到，自己該放掉一些事了。

2017 年的秋天，喬納森格外忙碌，而且他也必須騰出大量時間思考關於「選擇財務自由」podcast 的發展可能。當時他們計畫要拜訪太太住在南非開普敦的家人。他決定問老闆是否可以讓他放幾週的無薪假，以便好好思考自己的專業職涯該怎麼走。他以為這是很合理的要求，沒想到老闆拒絕了。老闆表示如果他要休長假，那麼位階將會調降，如此的態度讓喬納森下定決心做出改變。

他辭職了。

喬納森說，「我想老闆應該沒有預料到我會決定辭職。我想你也不常聽到『因為老闆不准假，員工就辭職』這種事。但當一個人不會在一、兩個月後就陷入經濟困難時，這種事就可能會發生。你可以為自己做出最好的決定。」

喬納森的故事和布萊德有點相似，後者也敢說出「去 X 的錢」，辭掉會計師的工作。不過當喬納森辭職時，他離財務自由還滿遠的，甚至連一半的目標都未達成。然而，在他設法解決債務時，他同時壓低了消費金額，並發現就算沒有花很多錢，也可以感到快樂。無債以及非常小額的日常花費讓喬納森有機會、也有能力做出決定，將權力從雇主身上，轉回自己那一方。之後，「選擇財務自由」podcast 成為他

的生活重心。由於之前做出的聰明理財決定，讓他有實力進行自己夢寐以求的計畫。

　　能不為錢所困、有自由選擇自己所定義的美好生活，是我們追求財務自由的最大原因。請想像一下，你將不用花畢生的時間等待退休，而是從此刻就擁有那份自由。當你走上財務自由的道路時，你可以獲得更多自由。一路上，你將創造更多邊際效益，並獲得更多的力量。

行動步驟

1. **請清楚地想像，假使你沒有經濟壓力，你希望自己每天、每週、每個月，過著怎麼樣的生活。**你渴望在 60 歲、70 歲時退休，並且完全不必工作嗎？你想要更早退休嗎？你會想要退休嗎？如果目前的方式無法讓你達成目標，那麼請思考你可以採取什麼行動，規劃自己想要的生活。

千萬別懷疑一小撮有想法、有毅力的人民有能力改變世界。事實上，世界向來由他們改變。

——瑪格麗特·米德（Margaret Mead）

美國人類學家

結 語

踏上財務自由之旅

在本書裡，我試著描繪兩種面對人生的不同道路。你可以選擇主流的路徑，也可以選擇財務自由之途。如果你對較少人知曉的道路有興趣，那麼為了展開你的致富之旅，你必須刻意改變思維，並做出一連串的小選擇，以追求一個更有意義的人生。

當你的人生像不斷向前滾動的老鼠轉輪時，你很難找到時間停下來休息、深呼吸。我們往往忙碌地推動滾輪，以至於失去了思考其他事情的餘裕。然而，當你追尋財務自由時，你會擁有孩子般的好奇，此時，任何事情都有可能。當你不再庸庸碌碌地度日時，你才有能力想得更遠闊。喬納森常常說，「人生的目的不只是每天付帳單和等死而已。」這對選擇主流道路的人來說，似乎是很容易忘記的道理。我們

跟孩子說，他們可以成為自己想要的樣子，但是，我們自己又做到了嗎？

我們的世界告訴我們人生很難。不管是左派或右派政客都說他們會為我們帶來更美好的前途。有人認為科技將解決一切。而我們的消費文化則把新車、改造廚房或高檔假期當作一切的救贖。反正我們總有辦法可以付帳單的，只要申請房屋抵押貸款或辦張信用卡就好了。

我不喜歡戳破假象，但是沒有任何政客、科技或消費品可以讓你的生活走上正途。相反地，當你選擇財務自由時，這個決定將帶來超能力般的影響，促使你追尋更美好的生活，並相信萬事皆有可能。但是一切的選擇與信念，必須透過行動，才會成真。

這正是實踐財務自由的真正訣竅。本書提供**你**行動步驟，讓你可以離開主流道路，邁向新的人生軌道。但是唯有你採取行動，賦予自己力量後，才能得到真正的自由。

你可以選擇財務自由，離開老鼠滾輪。但是當你自由以後，要做什麼呢？你的終極目標是什麼？許多人希望成為FIRE 理財族，但是你可以將「財務自由」與「提早退休」切割開來。當你財務自由後，就不用再擔心房貸或車貸，有償工作也成為可有可無的選項。因此，你可以停止有薪工作，也可以繼續從事你喜愛的工作。當金錢已經不再是你決

策背後的驅力時，你的決定也會有所改變。

選擇財務自由讓你有權選擇自己所愛。許多人想像退休意味著休息、放鬆、娛樂的時光。當然，當你放慢生活步調、更重視人際關係，並且減少生活壓力時，確實能帶來不少好處。但是如果所有選擇財務自由的人都僅渴望悠閒的生活，我們所推廣的運動似乎就失敗了。選擇財務自由不僅僅是關於退休而已。

當我們把自己從傳統道路解放出來，並有能力過上想要的生活時，我們可以把目光從簡單的生存轉為更遠大的目標。經營「1500 天通往自由」部落格的卡爾說，「我認為我們都應當在人生的某個階段貢獻時間或精力，回饋我們的社會。」部落格「我們的第二人生」格主塔嘉·赫斯特的說法也相當類似。當我們問她付出如此龐大的努力達到財務自由是否值得時，她說，「如果當我們離開這世界的那天，這裡已經成為了更好的地方，而我們也對他人帶來正面的影響時，那就是值得的。」

通往財務自由的關鍵動力

選擇財務自由將會改變你的人生，你能更自由地運用自己的時間**與**資源幫助他人。當你有能力讓世界更好時，不管

是幫助一個人或是一個家庭，這種善意正是通往財務自由的動力。

當我一開始接觸喬納森與布萊德時，我認為他們已經盡了許多努力，讓計畫更成功。他們與許多財務自由社群的思想領導者建立連結、進行訪談，並且整理出寶貴的參考借鏡。我以為找到這些領導者並分享他們的經驗，正是「選擇財務自由」podcast 最精華的部分。但是當計畫繼續進行時，我發現了更深邃的可能。所謂的財務自由社群，並非由一群菁英領導者告訴你該如何實踐財務自由。財務自由社群像是一個聚集了相似價值觀的集合體，他們彼此串聯、互相幫助，由小地方開始改善對方的生活。

財務自由社群令人感動。拍攝《賺錢，更賺自由的 FIRE 理財族》紀錄片的史考特‧瑞肯斯曾經和布萊德與喬納森談過。他說，「我最愛的是找到了一群人，他們彼此以禮相待、擴充彼此的想法、挑戰對方，進而更認識彼此，甚至連在部落格留言區裡的互動也是如此。你有看過任何社群的網民彼此尊重的嗎？」

這個現象不難理解。以社會觀點來看，財務自由社群相當邊緣。我們很怪，因為我們想用自己的錢打造有價值、有意義、有目標的生活。而對社會「常理」來說，正常生活應該是用每分錢購買產品，並持續獲得暫時性的滿足。

布萊德與喬納森讓社群更鞏固。他們創造了地方性的財務自由社群，讓人們能透過當地社區組織就近與彼此建立連結。能看到這些團體進步真的令人非常興奮，這些社群聚集了資源與想法，並讓個人與家庭獲得更好的生活。

布萊德常常把財務自由比喻為某種超能力。我很懂他所描述的感覺。選擇財務自由讓我享受了同儕無法想像的事情。我已經遊歷世界各地，擁有非常特別的人生體驗，好比攀爬海拔約 6,000 公尺的高山、在大堡礁潛水、參加世界盃等。我更在 41 歲時就離開了職場。

現在我可以在鬆雪日（powder day）去滑雪，或是在炎熱的夏天帶女兒游泳。我不需要把活動規劃在週六、週日或是那可憐的兩週假期內，只因為那是公司規定的休假日。我仍舊在工作，但是我不用再接受老闆或官僚體系所安排的規定。相反地，我能按照自己的期望規劃有意義的工作，並讓工作配合生活，而非讓人生圍繞著工作行程表打轉。

許多人覺得無法擁有如此的生活，因為他們認為存錢實在太辛苦了。然而，為了達到財務自由，我真正放棄的是不再付利息給信用卡公司與銀行、不再繳納高額稅款給政府，也不再付顧問費給我的理財專員。

改變世界的致富超能力

選擇財務自由一途很簡單，只要你擁有足夠的知識與動力，做出比傳統道路上的人更聰明一點的選擇即可。當你採取行動、累積小成就，就可以用超乎眾人意料的速度，過上自己想要的生活。我們的目標正是和其他人交流，並讓對方深信他們也可以實踐財務自由。

布萊德、喬納森與我都認為，透過傳遞財務自由的概念，我們可以改變世界。當越來越多人都知道達成財務自由的理財利器，越來越多普通人受到社群裡的故事所啟發，並施展超能力，展開決策與行動時，他們就解放了原本被束縛在傳統道路上的自己。

當我們將概念慢慢推廣至大眾時，我想像一群聰明、有創意、能夠獨立思考的群眾，運用時間與資源，推敲眼前的重大問題。但只靠一小撮有想法、有毅力的人民就可以改變世界嗎？關於這點我同意瑪格麗特·米德的說法：世界向來由他們改變。

從今天就開始吧。成為一個價值主義者，並持續學習與成長。同時，開始累積邊際效益、累積才能，以及為他人帶來附加價值。然後，聰明地投資，創造一套可持續獲利的收入模式，如此你就不用仰賴工作來規劃人生。

　　不用害怕和別人不一樣。你的老闆或許會懷疑你為何要開一台十年老車，明明你的薪水就夠買一台新車。你的朋友可能會笑你窮酸，因為你中午自己帶便當，而不是和大家一起叫外送。你的家人可能會問既然你都可以花三個禮拜出國旅行，為何還要穿著破襪子。

　　就坦承以告吧。告訴他們，你下定決心要改變這個世界。告訴他們，你已經選擇了財務自由。

行動步驟

1. **現在就開始。**請掃描文末的 QR Code，瀏覽我們的網站。

2. **運用 80/20 法則，分析自己的生活與財務狀況。**本書提供了實踐財務自由的原則與工具。那麼你今天可以採取什麼行動，為自己帶來最深刻的影響呢？

3. **重新複習本書中與你最有關聯的章節。**持續學習、成長、累積邊際效益，慢慢地，你將改變現實狀況，讓想像成真。

4. **加入鄰近的財務自由社群，並參加他們下一次的聚會。**你附近沒有任何社群嗎？那麼你可以成立一個，並在追求財務自由的過程中，與其他同儕、前輩一起學習，你也可以向後輩提供資源與建議。

放下書本，展開行動吧！

致謝

　　在追求財務自由的路途上，感謝太太金（Kim）成為我的夥伴，與我一同經歷了人生中各種有趣的冒險。我無法獨自完成這一切。

　　謝謝爸爸與我一起花了許多時間，進行此計畫，釐清我的思緒，並幫我把恐怖的文字化為容易閱讀的篇章。

感謝威廉（M.K. Williams）持續給我建議、支持，並在幕後默默解決無數問題，讓這個計畫得以進行。

感謝梅根・史蒂芬森（Meghan Stevenson）給我格外豐富的建議，並形塑、組織本書內容，幫助我們找到合適的筆觸，讓更多人願意透過此書學習，改變自己的財務生活。

感謝洛莉・葛雷斯・納格爾（Lorrie Grace Noggle）為此書校稿，並付出無數心力讓我們的表達更為流暢。

感謝艾莉・史洛德（Ellie Schroeder）的傑出創意與眼光，讓這計畫更鮮活生動、更有生命力，並且非常獨特。

感謝布萊德與喬納森，讓我有分享自己故事的平台，使我能毫無限制地運用你們的故事、素材，並提供我自由與空間，將所有元素組合起來，讓這些資源可以幫助下一個世代的財務自由社群。FIRE 社群正在茁壯！

布萊德、喬納森與我想感謝財務自由社群的夥伴們，謝謝你們願意在「選擇財務自由」podcast 上分享自身知識與經驗，並讓訪談內容成為此書的骨幹。「選擇財務自由」podcast 是個集眾人之力的平台，沒有你們，將不可能存在。

參考資料

書籍與資源網站

引言 | 創造你的財務自由故事

1. Lund Fisker, Jacob. "Early Retirement Extreme." March 2019. http://earlyretirementextreme.com/
2. Lund Fisker, Jacob. "Day 3: Grocery Shopping." Early Retirement Extreme, December 12, 2008. http://earlyretirementextreme.com/day-3-grocery-shopping.html
3. Lund Fisker, Jacob. "Day 7: Going Car Free." Early Retirement Extreme, December 18, 2008. http://earlyretirementextreme.com/day-7-going-car-free.html
4. Berry Johnson, Janet. "What is the average APR on a credit card?" Credit Karma, January 2, 2019. https://www.creditkarma.com/credit-cards/i/average-apr-on-credit-card/

1 | 階段性財務自由

1. Collins, JL. "Why you need F-you money." JLCollinsnh.com (blog), June 6, 2011. https://jlcollinsnh.com/2011/06/06/why-you-need-f-you-money/
2. U.S. Department of Commerce. *Wealth, Asset Ownership, & Debt of Households Detailed Tables*: 2011. " Data. United States Census Bureau, 2011. https://www.census.gov/data/tables/2011/demo/wealth/wealth-asset-ownership.html

2 | 找到你的為什麼

1. Quartuccio, D. *Design Your Future: 3 Simple Steps to Stop Drifting and Take Command of Your Life.* (Create Space Independent Publishing, 2017).
2. Tim Ferriss, "Living Beautifully on $25-27K Per Year," February 13, 2017. The Tim Ferriss Show, podcast. https://tim.blog/2017/02/13/mr-

money-mustache/

3 | 致富心態

1. Dweck, CS. *Mindset: The New Psychology of Success.* (New York: Penguin Random House, 2006.)
2. Adams S: *How to Fail at Almost Anything and Still Win Big: Kind of the Story of My Life.* (New York: Penguin Books, 2013.)

4 | 成為價值主義者

1. Adeney, Pete, "The Shocking Simple Math Behind Early Retirement." Mr. Money Mustache Blog, January 13, 2012. https://www.mrmoneymustache.com/2012/01/13/the-shockingly-simple-math-behind-early-retirement/
2. Frankel, Matthew. "Here's the Average American's Savings Rate." The Motley Fool. October 3, 2016. https://www.fool.com/saving/2016/10/03/heres-the-average-americans-savings-rate.aspx
3. Pete Adeney, "Exposed! The MMM Family's 2016 Spending!" Mr. Money Mustache Blog, May 19, 2017. http://www.mrmoneymustache.com/2017/05/19/2016-spending/
4. Lund Fisker, Jacob. "Early Retirement Extreme." http://earlyretirementextreme.com/
5. *Saturday Night Live.* Season 18, esisode 19, "Matt Foley: Van Down By The River." Aired May 8, 1993, on NBC.

5 | 減法理財哲學

1. U.S. Department of Commerce. *"Wealth, Asset Ownership, & Debt of Households Detailed Tables*: 2011. " Data. United States Census Bureau, 2011. https://www.census.gov/data/tables/2011/demo/wealth/wealth-asset-ownership.html
2. Maynard, Micheline. "On Paying for Cars With Cash." *The New York Times*, July 28, 2007. https://www.nytimes.com/2007/07/28/business/yourmoney/28money.html
3. Edmunds. "Depreciation Infographic: How Fast Does My New Car Lose Value?" *Edmunds.com* (website), September 24, 2010. https://www.edmunds.com/car-buying/how-fast-does-my-new-car-lose-value-infographic.html
4. Bach, D. *The Automatic Millionaire*: *A Powerful One-Step Plan to Live and Finish Rich.* (New York: Crown Business, 2003.)
5. Blue Cross Blue Shield. "Blue Cross Blue Shield Health Index Identifies Top 10 Conditions Nationwide Affecting the Health of Commercially

Insured." Blue Cross Blue Shield Association, March 1, 2018. https://
www.bcbs.com/press-releases/blue-cross-blue-shield-health-index-
identifies-top-10-conditions-nationwide

6. Wang, Jim "Here's the average net worth of American's at every age."
   Wallet Hacks (blog). *Business Insider* June 5, 2017. https://www.
   businessinsider.com/heres-the-average-net-worth-of-americans-at-every-
   age-2017-6

7. Wikipedia List of United States Mobile Virtual Network Operators:
   https://en.wikipedia.org/wiki/List_of_United_ States_mobile_virtual_
   network_operators

6 | 節稅致富心法

1. Ganch, Brandon. "Mad Fientist Archives." https://www.madfientist.com/
   archives/

2. Jacobson, Jeremy. "Never Pay Taxes Again." *Go Curry Cracker* (blog),
   October 26, 2013. https://www.gocurrycracker.com/never-pay-taxes-
   again/

3. McCurry, Justin. "$150,000 Income, $150 Income Tax." *Root of Good*
   (blog), October 16, 2013. https://rootofgood.com/make-six-figure-
   income-pay-no-tax/

4. United States Census Bureau. Income and Poverty in the United States:
   2016." census.gov, September 12, 2017. https://www.census.gov/library/
   publications/2017/demo/p60-259.html

8 | 學歷 vs 能力

1. US Department of Education's Federal Student Aid Website: https://
   studentaid.gov/manage-loans/forgiveness-cancellation/public-service/
   questions

2. Carnevale, Anthony P., Cheah, Ban, and Hanson Andrew R, "The
   Economic Value of College Majors." Executive Summary. Georgetown
   University, Center on Education and the Workforce, McCourt School of
   Public Policy, 2015. https://cew.georgetown.edu/wp-content/uploads/
   Exec-Summary-web-B.pdf

3. Taylor, Paul, Fry, Rick and Oates, Russ, "The Rising Cost of Not Going to
   College." Pew Research Center Social and Demographic Trends. February
   11, 2014. http://www.pewsocialtrends.org/2014/02/11/the-rising-cost-of-
   not-going-to-college/

4. United States Department of Labor. "Occupational Projections and Worker
   Characteristics. Bureau of Labor Statistics, 2016. https://www.bls.gov/

emp/tables/occupational-projections-and-characteristics.htm#

9 | 人生增值術

1. Ganch, Brandon. "The Power of Quitting." Mad Fientist (blog), August 2014. https://www.madfientist.com/power-of-quitting/
2. Ganch, Brandon. "The Time Has Finally Come." Mad Fientist (blog), March 2016. https://www.madfientist.com/time-has-finally-come/

10 | 高價值連結法則

1. Miller, D. *48 Days to the Work You Love.* (Nashville, TN: B&H Books, 2007).
2. Harbinger, Jordan. "How to Rebuild a Business Using Your Network." March 22, 2018. *The Unstoppable CEO Podcast.* https://unstoppableceo. net/podcast/jordan-harbinger
3. Ferriss, Tim. *"General Stan McChrystal on Eating One Meal Per Day, Special Ops, and Mental Toughness."* The Tim Ferriss Show (podcast). March 6, 2015. https://tim.blog/2015/07/05/stanley-mcchrystal/
4. "Good Reads - Brian Tracy Quotes." https://www.goodreads.com/ quotes/524183-invest-three-percent-of-your-income-in-yourself-self-development-in

11 | 投資通識課

1. Adeney, Pete, "The Shocking Simple Math Behind Early Retirement." Mr. Money Mustache Blog, January 13, 2012. https://www. mrmoneymustache.com/2012/01/13/the-shockingly-simple-math-behind-early-retirement/
2. Collins J.L., *The Simple Path to Wealth.* (USA, Self-published, 2016).

12 | 成功投資原則

1. Merriman, Paul. "The Genius of John Bogle in 9 Quotes." *Marketwatch.* Nov. 25, 2016. https://www.marketwatch.com/story/the-genius-of-john-bogle-in-9-quotes-2016-11-23
2. Collins J.L., *The Simple Path to Wealth.* (USA, Self-published, 2016).
3. Collins, J.L. "How I Failed My Daughter and a Simple Path to Wealth" JLCollinsnh.com (blog), June 9, 2011. https://jlcollinsnh.com/2011/06/06/why-you-need-f-you-money/
4. Collins, J.L. "J.L. Collins Stock Series." https://jlcollinsnh.com/stock-series/
5. Bogle J. *The Little Book of Common Sense Investing.* (Hoboken, NJ: John Wiley and Sons, Inc., 2007).

6. Buffett, Warren. "Letter to the Shareholders of Berkshire Hathaway, Inc," February 28, 2014. http://www.berkshirehathaway.com/letters/2013ltr.pdf
7. "Bogleheads Lazy Portfolios". https://www.bogleheads.org/wiki/Lazy_portfolios
8. Merriman, Paul and Buck, Richard. "The Ultimate Buy and Hold Strategy: 2019 Update." *MarketWatch*, March 20, 2019. https://www.marketwatch.com/story/the-ultimate-buy-and-hold-strategy-2019-update-2019-03-20

13 | 高勝率創業思維

1. Kiyosaki, R. *Cash Flow Quadrants: Rich Dad's Guide to Financial Freedom.* (Scottsdale, AZ: Plata Publishing, 1998).
2. Ferriss, T. *The 4 Hour Work Week: Escape 9-5, Live Anywhere, and Join the New Rich.* (New York: Crown Publishing Group, 2007.)

14 | 房地產投資心法

1. US Dept of Labor Bureau of Labor Statistics, *Issues in Labor Statistics*, March, 2002. https://www.bls.gov/opub/btn/archive/housing-expenditures.pdf
2. Carson, C. *Retire Early With Real Estate: How Smart Investing Can Help You Escape the 9-to-5 Grind and Do What Matters More.* (Denver, CO: Bigger Pockets Publishing, 2018).
3. Trench, S. *Set for Life: Planning Your Financial Future So You Can Live the Life You Choose.* (Denver, CO: Bigger Pockets Publishing, 2017).

15 | 賺回你的人生

1. Adeney, Pete, "Mr. Money Mustache vs. the Internet Retirement Police" Mr. Money Mustache Blog, February 13, 2013. https://www.mrmoneymustache.com/2013/02/13/mr-money-mustache-vs-the-internet-retirement-police/

Podcast 集數

1 | 階段性財務自由
Episode 18 with Jeremy of Go Curry Cracker:
https://www.choosefi.com/018-go-curry-cracker-capital-gains-losses-roth-conversion-ladder/
Episode 32 with Joel of FI 180:
https://www.choosefi.com/032-milestones-fi/

2 | 找到你的為什麼
Episode 14 with Carl of 1500 Days:
https://www.choosefi.com/014-phases-fi-mr-1500-days/
Episode 45 with J.D. Roth:
https://www.choosefi.com/045-jd-roth-get-rich-slowly/
Episode 12 with Liz from Frugalwoods:
https://www.choosefi.com/012-living-frugal/
Episode 27 with Jay of Slowly Sipping Coffee:
https://www.choosefi.com/027-slowly-sipping-coffee-fi-vs-risk-tolerance/
Episode 33 with Dominick Quartuccio:
https://www.choosefi.com/033-design-future/
Episode 24 with Joel and Alexis of Financial 180:
https://www.choosefi.com/024-fi180-make-u-turn-choose-fi/
Episode 40 with Becky and Noah of Money Metagame:
https://www.choosefi.com/040-take-gap-year-money-metagame/
Episode 37 with Scott Rieckens:
https://www.choosefi.com/037-playing-fire-documentary-scott-rieckens/
Episode 48 with the Happy Philosopher:
https://www.choosefi.com/048-happy-philosopher/
Episode 26 with Physician on FIRE:
https://www.choosefi.com/026-physician-on-fire/
Episode 52 with Todd Tresidder:
https://www.choosefi.com/052-todd-tresidder-risk-management/
Episode 15 with Justin of Root of Good:
https://www.choosefi.com/015-root-good-2nd-generation-fire-college/
Episode 39 with Gwen of Fiery Millennials:
https://www.choosefi.com/039-millennial-path-fi-fiery-millennial/
Episode 46 with Tanja Hester:
https://www.choosefi.com/046-ready-early-retirement-our-next-life-reveal/

3 | 致富心態
Episode 23 with ESI Money:

https://www.choosefi.com/023-career-hacking-esi-money/
Episode 49 with Alan Donegan and The Escape Artist:
https://www.choosefi.com/049-the-aggregation-of-marginal-gains/

4 | 成為價值主義者

Episode 24 with Joel and Alexis of Financial 180:
https://www.choosefi.com/024-fi180-make-u-turn-choose-fi/
Episode 41 with Paige and Sam:
https://www.choosefi.com/041-high-cost-living-path-fi/
Episode 52 with Todd Tresidder:
https://www.choosefi.com/052-todd-tresidder-risk-management/
Episode 27 with Jay of Slowly Sipping Coffee:
https://www.choosefi.com/027-slowly-sipping-coffee-fi-vs-risk-tolerance/
Episode 12 with Liz from Frugalwoods:
https://www.choosefi.com/012-living-frugal/
Episode 48 with the Happy Philosopher:
https://www.choosefi.com/048-happy-philosopher/
Episode 14 with Carl of 1500 Days:
https://www.choosefi.com/014-phases-fi-mr-1500-days/
Episode 53 with Bobby Hoyt:
https://www.choosefi.com/053-millennial-money-man-do-you-want-to-be-rich/

5 | 減法理財哲學

Episode 47 with Bryce and Kristy of Millennial Revolution:
https://www.choosefi.com/047-cult-of-home-ownership-millennial-revolution/
Episode 52 with Todd Tresidder:
https://www.choosefi.com/052-todd-tresidder-risk-management/
Episode 16 with Chad "Coach" Carson:
https://www.choosefi.com/016-house-hacking-coach-carson/
Episode 26 with Physician on FIRE:
https://www.choosefi.com/026-physician-on-fire/
Episode 41 with Paige and Sam:
https://www.choosefi.com/041-high-cost-living-path-fi/
Episode 12 with Liz from Frugalwoods:
https://www.choosefi.com/012-living-frugal/
Episode 27 with Jay of Slowly Sipping Coffee:
https://www.choosefi.com/027-slowly-sipping-coffee-fi-vs-risk-tolerance/
Episode 50 with Mr. Groovy:
https://www.choosefi.com/050-domestic-geoarbitrage-freedom-is-groovy/
Episode 48 with the Happy Philosopher:

https://www.choosefi.com/048-happy-philosopher/

6 | 節稅致富心法

Episode 17 with the Mad Fientist:
https://www.choosefi.com/017-mad-fientist-origin-story/
Episode 26 with Physician on FIRE:
https://www.choosefi.com/026-physician-on-fire/
Episode 40 with Becky and Noah of Money Metagame:
https://www.choosefi.com/040-take-gap-year-money-metagame/
Episode 18 with Jeremy of Go Curry Cracker:
https://www.choosefi.com/018-go-curry-cracker-capital-gains-losses-roth-conversion-ladder/
Episode 13 with Gerry Born:
https://www.choosefi.com/457b-free-money/
Episode 15 with Justin of Root of Good:
https://www.choosefi.com/015-root-good-2nd-generation-fire-college/
Episode 43 with Fitz Gilbert:
https://www.choosefi.com/043-drawdown-strategy-retirement-manifesto/

7 | 旅行的思維威力

Episode 17 with the Mad Fientist:
https://www.choosefi.com/017-mad-fientist-origin-story/
Episode 40 with Becky and Noah of Money Metagame:
https://www.choosefi.com/040-take-gap-year-money-metagame/
Episode 47 with Bryce and Kristy of Millennial Revolution:
https://www.choosefi.com/047-cult-of-home-ownership-millennial-revolution/
Episode 44 with Brandon Pearce:
https://www.choosefi.com/044-into-the-wind-brandon-pearce/
Episode 18 with Jeremy of Go Curry Cracker:
https://www.choosefi.com/018-go-curry-cracker-capital-gains-losses-roth-conversion-ladder/
Episode 37 with Scott Rieckens:
https://www.choosefi.com/037-playing-fire-documentary-scott-rieckens/
Episode 50 with Mr. Groovy:
https://www.choosefi.com/050-domestic-geoarbitrage-freedom-is-groovy/
Episode 26 with Physician on FIRE:
https://www.choosefi.com/026-physician-on-fire/

8 | 學歷 vs 能力

Episode 78 with Travis Hornsby:
https://www.choosefi.com/078-student-loan-debt-repayment-travis-hornsby/

Episode 87 with Don Wettrick:
https://www.choosefi.com/087-education-through-innovation-don-wettrick/
Episode 49 with Alan Donegan and The Escape Artist:
https://www.choosefi.com/049-the-aggregation-of-marginal-gains/
Episode 89 with Robert Farrington:
https://www.choosefi.com/089-retail-path-to-fi-with-college-investor/
Episode 83 with Cody Berman:
https://www.choosefi.com/083-second-generation-fi-cody-berman/
Episode 40 with Becky and Noah of Money Metagame:
https://www.choosefi.com/040-take-gap-year-money-metagame/
Episode 39 with Gwen of Fiery Millennials:
https://www.choosefi.com/039-millennial-path-fi-fiery-millennial/
Episode 16 with Chad "Coach" Carson:
https://www.choosefi.com/016-house-hacking-coach-carson/

9 │ 人生增值術

Episode 16 with Chad "Coach" Carson:
https://www.choosefi.com/016-house-hacking-coach-carson/
Episode 23 with ESI Money:
https://www.choosefi.com/023-career-hacking-esi-money/

10 │ 高價值連結法則

Episode 47 with Bryce and Kristy of Millennial Revolution:
https://www.choosefi.com/047-cult-of-home-ownership-millennial-revolution/
Episode 63 with Scott Trench:
https://www.choosefi.com/063-scott-trench-set-life/

12 │ 成功投資原則

Episode 19 with JL Collins:
https://www.choosefi.com/019-jlcollinsnh-stock-series-part-1/
Episode 34 with JL Collins:
https://www.choosefi.com/034-stock-series-part-2-jl-collins/
Episode 36 with JL Collins:
https://www.choosefi.com/036-community-chatauqua-ama-jl-collins/
Episode 35 with Big ERN:
https://www.choosefi.com/035-sequence-return-risk-early-retirement-now/

13 │ 高勝率創業思維

Episode 52 with Todd Tresidder
https://www.choosefi.com/052-todd-tresidder-risk-management/
Episode 30 with Alan Donegan:

https://www.choosefi.com/030-side-hustle-unspoken-lever-fi/
Episode 53 with Bobby Hoyt:
https://www.choosefi.com/053-millennial-money-man-do-you-want-to-be-rich/
Episode 44 with Brandon Pearce:
https://www.choosefi.com/044-into-the-wind-brandon-pearce/
Episode 49 with Alan Donegan and The Escape Artist:
https://www.choosefi.com/049-the-aggregation-of-marginal-gains/

14 | 房地產投資心法

Episode 16 with Chad "Coach" Carson:
https://www.choosefi.com/016-house-hacking-coach-carson/
Episode 63 with Scott Trench:
https://www.choosefi.com/063-scott-trench-set-life/
Episode 52 with Todd Tresidder:
https://www.choosefi.com/052-todd-tresidder-risk-management/
Episode 52R with contribution from Big ERN:
https://www.choosefi.com/052r-bring-just-getting-started/

15 | 賺回你的人生

Episode 48 with the Happy Philosopher:
https://www.choosefi.com/048-happy-philosopher/
Episode 17 with the Mad Fientist:
https://www.choosefi.com/017-mad-fientist-origin-story/
Episode 52 with Todd Tresidder:
https://www.choosefi.com/052-todd-tresidder-risk-management/
Episode 45 with J.D. Roth:
https://www.choosefi.com/045-jd-roth-get-rich-slowly/
Episode 43 with Fitz Gilbert:
https://www.choosefi.com/043-drawdown-strategy-retirement-manifesto/
Episode 46 with Tanja Hester:
https://www.choosefi.com/046-ready-early-retirement-our-next-life-reveal/
Episode 27 with Jay of Slowly Sipping Coffee:
https://www.choosefi.com/027-slowly-sipping-coffee-fi-vs-risk-tolerance/

結語 | 踏上財務自由之旅

Episode 14 with Carl of 1500 Days:
https://www.choosefi.com/014-phases-fi-mr-1500-days/
Episode 46 with Tanja Hester:
https://www.choosefi.com/046-ready-early-retirement-our-next-life-reveal/
Episode 37 with Scott Rieckens:
https://www.choosefi.com/037-playing-fire-documentary-scott-rieckens/

FIRE・致富實踐
Choose FI: Your Blueprint to Financial Independence

作　　　者	克利斯・瑪慕拉（Chris Mamula）
	布萊德・巴瑞特（Brad Barrett）
	喬納森・曼德沙（Jonathan Mendonsa）
譯　　　者	李靜怡
主　　　編	呂佳昀

總 編 輯　李映慧
執 行 長　陳旭華（steve@bookrep.com.tw）

社　　　長　郭重興
發行人兼
出版總監　曾大福
出　　版　大牌出版 / 遠足文化事業股份有限公司
發　　行　遠足文化事業股份有限公司
地　　址　23141 新北市新店區民權路 108-2 號 9 樓
電　　話　+886- 2- 2218-1417
傳　　真　+886- 2- 8667-1851

印務協理　江域平
封面設計　FE 設計 葉馥儀
排　　版　新鑫電腦排版工作室
印　　製　通南彩色印刷有限公司
法律顧問　華洋法律事務所　蘇文生律師

定　　價　480 元
初　　版　2021 年 3 月
二　　版　2022 年 11 月
有著作權　侵害必究（缺頁或破損請寄回更換）
本書僅代表作者言論，不代表本公司／出版集團之立場與意見

電子書 E-ISBN
ISBN：9786267191224（EPUB）
ISBN：9786267191217（PDF）

國家圖書館出版品預行編目資料

　　FIRE・致富實踐 / 利斯・瑪慕拉（Chris Mamula），布萊德・巴瑞
　　特（Brad Barrett），喬納森・曼德沙（Jonathan Mendonsa）作；
　　李靜怡 譯 . -- 二版 . -- 新北市：大牌出版；遠足文化事業股份有
　　限公司，2022.11
　　　　面； 公分
　　譯自：Choose FI: Your Blueprint to Financial Independence.
　　ISBN 978-626-7191-20-0（平裝）
　　1.CST: 個人理財